Developing Writing Skills
in **Arabic**

Developing Writing Skills in Arabic is specifically designed for upper-intermediate to advanced students who need to write Arabic for personal, professional and academic purposes.

Making use of reading comprehension, analysis of stylistic devices, a functional approach to grammar and well-graded exercises, the book exposes the student to a wide variety of styles and register. Each chapter starts with a passive approach by letting the students analyze and discuss a sample text in the genre. It then moves on to a productive approach by expanding vocabulary, practicing using stylistic devices, studying grammar points pertinent to the main linguistic function of the chapter, and concludes with writing short and long compositions, both guided and free.

The following writing styles and genres are covered:

- Personal writing – greetings, congratulating, condolences, social and family contact
- Professional writing – advertising, applying to a school, writing a résumé
- Giving instructions – notes, directions, recipes, technical instructions
- Description and comparison – objects and places, people and characters
- Narration – events and stories, autobiographies, biographies and diaries
- Academic writing – stating an idea, explaining hypothesis, providing examples, facts and data.

Written by an experienced teacher of Arabic and trialled with non-native students of Arabic, *Developing Writing Skills in Arabic* is the ideal resource to help students write clearly, coherently and appropriately in a variety of contexts.

Taoufik Ben Amor is Gordon Gray Jr. Senior Lecturer in Arabic Studies at Columbia University.

Other titles in the *Developing Writing Skills* series

Developing Writing Skills in Chinese
Boping Yuan and Kan Qian

Developing Writing Skills in French
Graham Bishop and Bernard Haezewindt

Developing Writing Skills in German
Annette Duensing

Developing Writing Skills in Italian
Theresa Oliver-Federici

Developing Writing Skills in Spanish
Javier Muñoz-Basols, Yolanda Pérez Sinusía
and Marianne David

تطوير مهارات الكتابة بالعربية

Developing Writing Skills

in Arabic

توفيق بن عمر

Taoufik Ben Amor

Routledge
Taylor & Francis Group

LONDON AND NEW YORK

First published 2013
by Routledge
2 Park Square, Milton Park, Abingdon, Oxon, OX14 4RN

Simultaneously published in the USA and Canada
by Routledge
711 Third Avenue, New York, NY 10017

Routledge is an imprint of the Taylor & Francis Group, an informa business

British Library Cataloguing in Publication Data
A catalogue record for this book is available from the British Library

Library of Congress Cataloging in Publication Data
A catalog record for this book has been requested

ISBN 13: 978-0-415-58812-6 (hbk)
ISBN 13: 978-0-415-58813-3 (pbk)
ISBN 13: 978-0-203-074589 (ebk)

Typeset in Neue Helvetica
by Graphicraft Limited, Hong Kong

Printed and bound in Great Britain by the MPG Books Group

To my students,
from whom I learned a great deal about teaching.

Contents

Unit Four:
Description and comparison   الوحدة الرابعة: الوصف و المقارنة   72

4   Describing an object or a place   الدرس الرابع: وصف شيء أو مكان   73

Contents

Unit Six:
Argumentation, opinion pieces, and academic writing

Acknowledgments

This book would not have been possible without the help of many people: my students, especially those who took *Composition and Style in Modern Arabic literature*, which I taught at Columbia University for many years; Columbia University for granting me a leave of absence to write this book; from Routledge, Sonja van Leeuwen, Samantha Vale Noya, Angela Costley, Isabelle Cheng, Thérèse Saba, and Geraldine Martin, who have been helpful and gracious throughout the whole process; my colleagues Wijdan Absi, Ghada Badawi, Tarik Belhoussein, Rym Bettaieb, Reem Faraj and Youssef Nouhi, who read the manuscript and contributed some essential edits; Fadi Bardawil and Khalil Issa for helping chase the most elusive copyright permission holders; and last but certainly not least, my wife, Luise, and my daughter, Umayma, who have handled the throes of writing with patience, grace and constant encouragement.

The author and publishers would like to thank the copyright holders for permission to reproduce extracts from the following:

'Al-'āqir' from *Kān mā kān, 20th edition* by Mikhail Naimy (Nawfal, 2006), pp. 56–58. Reproduced by kind permission of Nawfal and the author's family.

'Al-būma fī ghurfa ba'īda' from *Al-'āthār al-kāmila, al-qiṣaṣ al-qaṣīra, 3rd edition* by Ghassan Kanafani (Dar Al-Tali'a, 1987), pp. 43–44. Reproduced by kind permission of Dar Al-Tali'a Publishing and Printing.

'Al-kutub tutaridu qurra'aha' by Abdo Wazen published in *Al Hayat*, 03/01/2011. Reproduced by kind permission of Dar Al Hayat S.A.R.L.

While the author and publishers have made every effort to contact copyright holders of material used in this volume, they would be grateful to hear from any they were unable to reach.

المقدمة

إنّ مهارة الكتابة، كما لا يخفى عليكم، كثيراً ما تنحصر في تمارين يقوم بها الطلاب في البيت لما تستدعيه من الوقت و التحضير و الروية بالإضافة إلى صعوبة القيام بها كنشاط جماعي في حدود وقت الصف الضيق. غير أننا ندرك تمام الإدراك أهمية هذه المهارة أولًا في تفعيل المفردات و النحو و الصرف و ثانياً في تقييم مستوى الطلاّب و تقدّمهم. تُعتبر الكتابة أيضاً من أكثر المهارات مرونة إذ يمكن للطلاب أن يكتبوا حسب نسقهم الشخصي و مستواهم في مواضيع يمكن أن تتنوع حسب اهتماماتهم و مشاربهم.

هذا الكتاب الذي بين أيديكم عصارة سنوات درّست خلالها صفاً في جامعة كلومبيا تحت عنوان "الكتابة و الأسلوب في الأدب العربي الحديث". و قد كان هذا الصف قبل أن أتعهّده يُعلّم بناءً على بعض الكتب التي اختصرت الأسلوب في قائمة لأدوات الربط ذيّلتها بتمارين لا تتعدّى حدود الجملة و بعض مواضيع الإنشاء التي لا تمتّ لحياة الطلاب و اهتماماتهم بصلة. من العسير تحديد الأسلوب فهو جملة من المكونات المتجذرة في المخزون الثقافي و الذوق الجماعي. و بالإضافة إلى هذا الإشكال كان من الضروري أن أبدأ بطرح عدد من الأسئلة الأساسيّة: ماذا نكتب و لماذا؟ و ما هو تأثير أشكال الكتابة و أغراضها هذه في انتقاء الأسلوب المناسب؟ و هل يمكن حصر الكتابة في أشكال الأدب و أساليبها دون أشكال الكتابة الأخرى؟ ثمّ ما علاقة الكتابة بالقراءة و كيف يمكن إدماج المهارات الأخرى معهما؟

بعد تعديد أشكال الكتابة و أغراضها المختلفة، أخذت أحدّد المفردات و العبارات و جوانب النحو و الصرف و البلاغة الضرورية للبلوغ إلى كلّ من هذه الأشكال و الأغراض. قرّرت أيضاً أن أنحو منحى ما قاله ابن خلدون في مقدّمته عن أنّ تطوّر الملكة اللغوية الجيدة مقرون بقراءة الجيد و الكثير من المكتوب. رحت أبحث

عن نصوص نموذجية يمكن أن تؤدي قراء تها المتأنية و تحليل لغتها و تراكيبها إلى تحسين مهارة الكتابة لدى طلابي و ترهيف حسهم بالأسلوب و جمالية اللغة و فعالية التعبير. صممت إثر ذلك مجموعة من التمارين لترسيخ هذه المفردات و العبارات و القواعد و تفعيلها قبل أن يصل الطلاب إلى مرحلة الإنتاج. و بعد تنقيح و تعديل و تمحيص و ترتيب، جمعت من المادة ما أتمنى أن يكون جديراً بأن يصدر في كتاب مفيد لطلاب اللغة العربية بمن فيهم طلاّبي الذين يعود إليهم قدر غير هيّن من الفضل في صياغة هذا الكتاب على امتداد عقدين إذ لم يبخلوا علي بآرائهم و اقتراحاتهم فاتخذتها و تفاعلاتهم و تقدّمهم مقياساً في اختياري النصوص و التمارين و ترتيبها بشكل منطقي و ناجع.

هدف الكتاب

و بناءً على ما أسلفت، يهدف هذا الكتاب إلى تحسين طلاقة الطلاب و دقّتهم في التعبير اللّغوي و تعريفهم، ولو جُزئيّاً، ببعض ملامح الأسلوب الكتابي في اللغة العربيّة المعاصرة من خلال دراسة مجموعة من النصوص النموذجية. تتمحور هذه النصوص حول أشكال الكتابة (البطاقات البريدية، الرسائل، الإعلانات، المقالات، و غيرها) و أغراضها المتعددة (التراسل، التواصل في المناسبات، الوصف، السرد، النقد، إلخ). تمّ التركيز خاصة على مهارتي القراءة و الكتابة دون التخلي عن المحادثة و المعرفة الثقافيّة.

و يستهدف هذا الكتاب طلاب المستوى المتقدّم و هو مصمّم لصفّ على المستوى الجامعي يلتقي لمدّة ثلاث أو أربع ساعات أسبوعياً على امتداد فصل دراسي كامل. و يُقدّر عدد الساعات اللازمة لإكماله حوالي ٦٠ ساعة في الصف و ضعفها في القيام بالواجبات في البيت.

فلسفة الكتاب

و خلف كلّ اختيار في هذا الكتاب فلسفة أرجو أن تكون مبادئها متماسكة، رغم أنّي أعي تماماً أنّ لكل منّا طريقته الخاصة و أسلوبه الفريد في تدريس العربية و هما حصيلة تجاربنا المختلفة و رؤانا المتميّزة، و في ذلك إثراء للمهنة و فائدة جمّة لطلابنا. هي ذي المبادئ التي استخلصتها من تجربتي في تدريس هذا الصف و تدريس العربية عموماً:

١ – نصوص نموذجية أصيلة و متنوّعة

كل النصوص التي انتقيتها، باستثناء الحالات التي لا يليق فيها كشف معلومات شخصية عن كتابها كالرسائل و البطاقات مثلاً، أصيلة و ثرية بالمحتويات الثقافية و قد جرّبتها في صفوفي. و لقد دأبت على أن تكون هذه النصوص متنوعة في مأتاها و تاريخها و كتّابها و مواضيعها. و القراءة هنا ليست هدفاً في حدّ ذاته فلم تُبنَ الدروس حولها كما هو معتاد في أغلب كتب تدريس اللغة و إنّما هي مدخل للمحاور التي تهدف أساساً إلى تطوير مهارة الكتابة. و لذلك يمكن استبدال هذه النصوص بأخرى تفضلونها شرط أن تفي غرض الدرس الرئيسي و قد ختمت كل محور بعناوين نصوص بديلة تتشارك مع النص الأساسي في الشكل و الغرض.

٢ – سياقات و وظائف واقعيّة

حاولت ما بوسعي أن تكون المحتويات و التمارين و الأمثلة و مواضيع الكتابة مستقاة من واقع المجتمعات العربية و همومها و مرتبطة ارتباطاً وثيقاً بحاجيات الطلاب في حياتهم الشخصية و الأكاديمية و المهنية كما اجتهدت في تلافي مواضيع مفتعلة و ما تعودناه من النصوص التي تنساق مع أفكار مسبّقة عن العالم العربي و ثقافاته كالإسلام السياسي و الإرهاب و الحجاب و ما إلى ذلك مما تلوكه ألسنة السياسيين و تجتره أقلام الصحفيين. أبقيت على موضوع المرأة في الشريعة و المجتمع لإيماني الشديد بأهميته.

٣ – منهج مبني على مرحلتين: من التقبّل إلى الإنتاج

يتّبع كل درس تطوّراً تدريجياً من التقبّل إلى الإنتاج. ففي المرحلة الأولى يتمّ التركيز على فهم نص نموذجي و تحليله ثمّ التمرّس على استعمال مجموعة من الألفاظ و قواعد النحو و الصرف و العبارات الضرورية للكتابة. أما في المرحلة الثانية فيُطلب من الطلاّب أن ينتجوا إنشاءات قصيرة و طويلة تؤدي الوظيفة أو الوظائف المرتآة للدرس.

٤ – التدرّج في السهولة و الصعوبة و المراوحة بينهما

يتمّ التدرج في الصعوبة و طول النصوص و المهام داخل الدروس و من واحد إلى آخر فالدروس الأولى تتناول أبسط أشكال الكتابة و أقصرها كالبطاقات و الرسائل و الإعلانات أما الدروس الأخيرة فتتطرّق إلى وظائف أصعب و أكثر تعقيداً كالوصف

و المقارنة و السرد و النقد. و هذا التدرّج مؤسس أيضاً على منطق داخلي بين الوظائف ذاتها إذ من البديهي مثلاً أن تأتي المقارنة بعد الوصف و ليس قبله و كذلك الحال بالنسبة لتقديم الوصف على السرد و السرد على النقد فكلّ واحدة من هذه الوظائف بما تتطلّبه من ألفاظ و قواعد و عبارات تهيّء للتي تليها.

٥- ملامح الأسلوب

كما سبق و أن ذكرنا من الصعب تعريف الأسلوب و تلقينه فهو جملة مكونات لفظية، بيانية، نحوية، صرفية، ثقافية بالإضافة إلى صوت الكاتب المميّز و السياق التاريخي و الجغرافي و هدف النص و الذوق الأدبي الغالب. و رغم تعدّد هذه الجوانب، يمكننا تحديد بعض ملامح الأسلوب من خلال قراءة نصوص نموذجية و تحليل خصائصها الأسلوبية ثمّ محاولة استعمالها في الكتابة. من خلال عملية التفكيك و إعادة التركيب هذه يمكن أن نشحذ حسّ الطلاب ببعض أدوات الأسلوب الكتابي كاختيار الأزمنة المناسبة و استعمال الجملة الفعلية أو الإسمية و أوزان الفعل و أدوات الربط و العبارات و الإشارات المبطنة لنصوص أخرى و غيرها بما يناسب طبيعة النص الذي نحن بصدد تأليفه. و لذا يحتوي كل درس على جزء مخصّص لأدوات أسلوبية مستخرجة من النص الأساسي تصحبها تمارين يليها جزء ثانٍ يوسّع هذه العبارات و الأدوات. بالإضافة إلى ذلك يتعدى الجزء الذي يتناول القواعد مفهومها الصّرف إلى بعض عناصر البلاغة كالمبالغة و التصغير و التوكيد و غيرها حتى يتمّ تخطي الهوّة السحيقة بين الأسلوب و النحو و الصرف.

٦- توظيف النحو و الصرف

رغم تطرّق هذا الكتاب إلى قدر لا يستهان به من قواعد النحو و الصرف فهو ينطلق من مبدأ أنّ الطلاب قد درسوا معظمها من قبل و أنّ الغاية هنا هي من ناحية المراجعة و من ناحية أخرى عرض تراكيب النحو و الصرف هذه كجزء لا يتجزّأ من أسلوب الكتابة حتى لا تحدث القطيعة في ذهن الطلاب بين هذا و ذاك إذ يستحيل علينا مثلاً أن نصوغ مقارنة بين شيئين أو شخصين أو فكرتين دون اللجوء إلى أفعل التفضيل و تمييز المقارنة و معنى المقارنة في وزن تفاعل و غير ذلك من مستلزمات المقارنة. يُطالَب الطلاب باستعمال هذه القواعد و وضع سطر تحتها في تمارين الكتابة المُدرجة في آخر كلّ درس.

٧- توظيف المفردات و إثراؤها

يحتوي كلّ درس على قائمتين من المفردات أولاهما مخصصة لمفردات النص النموذجي و هي لا ترمي إلى سرد كلّ الكلمات الجديدة التي قد يستعصي فهمها على الطلاب إذ من المفروض في هذا المستوى المتقدّم أن يكونوا قد حصّلوا قدراً مناسباً من المفردات و أجادوا استعمال القواميس و المعاجم. و بناءً على هذه القائمة يُعهد للطلاب بمهام تهدف إلى إثراء مفرداتهم و دقة التحكّم فيها من خلال تمارين بحث عن المرادفات و الأضداد و الحقول المعنوية و مقارنة الأوزان و غيرها. أما القائمة الثانية فهي تهدف إلى إثراء المفردات و العبارات المتعلّقة بموضوع الدرس و وظيفته. ففي موضوع المقارنة مثلاً يجد الطلاب قائمة من الألفاظ المتعلقة بالتشابه و الإختلاف ثمّ يُطالَبون، على منوال الجزء المخصص للنحو و الصرف، باستعمال عدد من هذه الكلمات حتّى يتيسّر خزنها من خلال استعمالها بشكل واعٍ.

و قد تبدو قائمات المفردات و العبارات و التمارين الملحقة بها طويلة بشكل قد يكلّف الطلاب عناء و مشقة و يستغرق وقتاً أو يؤدي إلى تخمة لغوية، إن صحّ التعبير. إنّما في هذا الطول إطناب و ليس إفراط و وراءه غايات منهجية مهمة إذ أنّ على الطلاب في المستوى المتقدّم تطوير طلاقتهم و دقّتهم في نفس الوقت و هذا يستدعي منهم القدرة على انتقاء الكلمة أو العبارة المناسبة في السياق المناسب و لا يمكن تحصيل هذه القدرة إلاّ بالخوض في دقائق المعاني و تشابهها أو اختلافها بين المرادفات و الأضداد و الصلات التي تربطها بموضوع معيّن أو سياق خاص. زد على ذلك أنّ الطلاب عادة ما يستوعبون قدراً من المادة المغطاة و ليس كلها فالهدف هنا ليس الإلمام بكلّ ما هو مُدرج بل تحصيل جزء منه يمكن أن تختاروه حسب ما ترونه أهمّ و أن تركّزوا عليه في الدروس و التمارين. و حتى لا نجحف في إجهاد الطلاب فقد ترجمنا كل ما ورد من المفردات و العبارات إمّا في الدروس أو في قائمة المفردات في آخر الكتاب.

٨- إدماج المهارات

يتيح هذا الكتاب للطلاب فرصاً عديدة للخوض في مهارتي القراءة و المحادثة رغم أنّه مُصمّم لترسيخ مهارة الكتابة و ذلك لاعتقادنا بأنّ الفصل بين المهارات أمر مُفتعل و أنّ تحسين إحداها يعني بالضرورة تحسين الأخرى. و قد توخّينا في هذا الإتجاه مجموعة من التمارين و النشاطات التي تجمع بين مختلف المهارات إذ يستهل الطلاب كل درس بمحادثة عامة تمهّد للقراءة و تستدعي البحث عن سير الكُتّاب و تقديمها

شفهياً في الصف تليها قراءة النص و مناقشة أفكاره قبل تحليل أسلوبه و قواعده ثم يُختتم الدرس بالكتابة.

٩- محتوى ثقافي ثرّي و متنّوع

يعطي كلّ درس المحتوى الثقافي حقّ قدره إذ لا يمكن فصله بأيّ شكل من الأشكال عن وظائف اللغة و أسلوبها. كما سعينا إلى التنويع في هذا المحتوى الثقافي عسانا نوفي العالم العربي حقه في تعدّديته الجغرافية و الثقافية و الجنسية و الدينية. و قد كان هذا المبدأ من أهمّ المقاييس التي استعملناها في اختيار النصوص. و يتجلّى هذا التركيز على المحتوى الثقافي ليس في النصوص فحسب بل في التمارين و الأمثلة و العبارات الثقافية و أبيات الشعر و الأمثال و المؤلفين و السياقات التاريخية التي عاشوا فيها أيضاً.

تركيبة الدروس

يحتوي كل درس على:

- قائمة في وظائف المحور اللغوية و أهدافه و محتوياته.
- قراءة نص نموذجي تحتوي على نشاطات قبل القراءة و بعدها (محادثة عامة تمهّد للمحور عموماً أو للنص، تقديم سيرة الأديب أو الأديبة، أسئلة للفهم. و بعد القراءة يقوم الطلاب بتمارين تركّز على المفردات). نقترح عليكم قراءة ثانية تركّز على الأسلوب و النحو و الصرف.
- إثراء المفردات و تمارين.
- ملاحظات ثقافية كلما استدعى الأمر ذلك.
- مراجعة لقواعد النحو و الصرف المرتبطة بوظيفة الدرس و تمارين.
- عبارات من النص يليها إثراء لأدوات الأسلوب و تمارين.
- تمارين كتابة جزئية و كاملة في و ظيفة الدرس الأساسية مع استعمال عدد معيّن من الألفاظ و المفردات و أدوات الأسلوب.
- عناوين قراءات إضافية أو بديلة.

قائمة مفردات

ذيّلنا هذا الكتاب بقائمة ألفاظ تحوي آلاف الكلمات التي وردت في الدروس. و قد رتّبناها حسب جذورها بشكل يسمح للطلاب استكشاف علاقات المعنى بين الألفاظ.

و هذه القائمة لا تضمّ كل الكلمات التي وردت في الكتاب لاستحالة ذلك من ناحية و لأملنا بأنّ طلاب هذه المرحلة المتقدّمة قد استوعبوا قدراً غير هيّن من المفردات و أتقنوا استعمال القاموس و استنتاج المعاني من السياق.

و أخيراً آمل أن ينال هذا الكتاب رضاكم و أن يجد فيه طلاّب العربية و مدرّسوها ما يصبون إليه و إن رأيتم فيه نقائص فأرجو أن تقوّموها و أن تنظروا إلى أخطائي بعين السماحة فلكل جواد كبوة.

Introduction

Following the ACTFL Guidelines, *Developing Writing Skills in Arabic* aims at increasing the advanced student's fluency and accuracy through composition for personal, professional, and academic purposes. The student will learn to write all forms of composition (cards, notes, announcements, résumés, letters, articles, papers, etc.) fulfilling the various functions of writing (congratulating, offering condolences, giving instructions, describing, narrating, arguing, etc.). The student will practice reading, vocabulary, grammar or writing within the unit of a paragraph and text.

Through reading comprehension, analysis of stylistic devices (such as connectors, idiomatic expressions, linguistic formulae, and collocation), a functional approach to vocabulary and grammar, well-graded exercises (from receptive, to semi-productive, to productive), this textbook aims at exposing and sensitizing students to the gamut of style and register, which varies according to the form and function of writing.

Each chapter follows a two-step method: first, receptive then productive. In the first phase, the student reads one or two authentic model texts or excerpts from texts, engages in comprehension, discussion, extracting vocabulary, and analyzing stylistic devices. In the second stage, the student expands vocabulary, practices using stylistic devices, studies grammar points pertinent to the main linguistic function of the chapter, and concludes by writing one or two compositions. Thus, although this textbook's main focus is on writing, it does not neglect to activate and integrate other skills, especially reading, speaking, and culture.

This book is designed to be used with upper intermediate and advanced students in an academic course, with a tutor or individually. It is ideal for a three- or four-credit course, which meets for three to four hours a week over a standard 12–14 week academic semester. The contact hours suggested should range between 40 to 60 in addition to 80–120 hours for homework and preparation. The book includes 6 units, each containing one to three lessons. The units progress in the number of contact hours they require from 3 to 12.

Pedagogical Features

1. Authentic model texts

All texts and excerpts used in this book, with the exception of cases that do not allow divulging personal or private information, are authentic and rich in cultural content. They range from cards, letters, and excerpts from short stories, to academic essays published in periodicals and books. They come from various parts of the Arab world and extend over a long period of time. These selections have been tried and tested in class for many years.

2. Real contexts and tasks

All content, exercises, and compositions aim at fulfilling real linguistic functions pertinent to the student's personal, academic, and professional needs. Students speak, read, and write on actual topics that are central to Arab cultures. Effort has been made to ensure this aspect not only in the choice of texts or composition topics, but also in all exercises and examples.

3. Two-step process (from receptive to productive)

Each chapter follows a gradual move from receptive to productive skills. The first phase focuses on analyzing and understanding a model text, then, through practice, allowing the student to master vocabulary, grammar, and stylistic devices necessary for production. In the second phase, the students are instructed to produce short and long compositions fulfilling the linguistic function or functions of the chapter.

4. Spiraling increase in difficulty and graded tasks

Both within each chapter and from one chapter to another, there is a gradual increase in difficulty. This applies to linguistic functions (starting with easier forms, such as cards and letters and moving toward argumentative essays), content of the sample texts, length and difficulty of exercises and compositions.

5. Stylistic features

Style remains the most illusive of subjects to learn and teach. It is the complex sum of several lexical, grammatical, and cultural components and choices in addition to the individual voice of the writer, the context of time, place, purpose, literary canon, and cultural aesthetic. However, some elements of style can be defined through reading good sample texts, analyzing these elements, then practicing writing with them. Stylistic aspects such as choice of tense, verbal or nominal sentences, verb patterns, connectors, elements of textual cohesion, idiomatic expressions, collocations, inter-textuality, etc.

are essential building blocks of good writing. Consequently, each lesson contains a section on stylistic devices extracted from the main text with exercises as well as a second section, which expands on these. Grammar sections also go beyond the strict notion of syntax and morphology to include rhetorical devices. This ensures a bridging between grammar and style.

6. Functional grammar

Although this textbook covers an extensive number of grammar points, it is not a grammar book. It strives to integrate grammar in a new functional way that goes hand in hand with style and the objectives of each unit. For example, when learning the linguistic function of comparison, students will review the comparative, superlative, and the *tamyiz* of comparison as essential elements of style and will be instructed to use them in their compositions. In addition, it tries to take advantage of old established ways of presenting and teaching grammar that emanates from the Arab tradition. This approach not only treats grammar points comprehensively, but also recognizes complexity and exceptions, and integrates rhetoric as well as semantics. The book, however, assumes that most of these grammar points have been covered in one way or another by the students and thus emphasizes reviewing. Consequently, there are not many drills in the book. Instead, practice is ensured within the context of a paragraph and the focus is placed on making sure that students use the grammar structures in their compositions.

7. Functional vocabulary expansion

Two types of vocabulary lists are provided in each lesson. The first list focuses on key vocabulary in the main text. This list does not aim at covering all new vocabulary in the text, and encourages the student to use the dictionary. Based on the text, the students will be assigned tasks aimed at expanding their vocabulary through finding synonyms, antonyms, exploring a semantic field, comparing verb patterns, etc. The second is an extensive list of vocabulary and key expressions pertinent to the function at hand. For example, when learning the function of comparing, the students will be provided with key words denoting similarity, difference, and contrast. The chapters are graded in such a way that students will incorporate vocabulary from previous lessons into the current one. For example, the chapter on comparison follows the one on description, and the vocabulary of the latter builds on that of the former. Students are consistently asked to use a specific number of words and expressions in their writing assignments and to underline them so as to foster their assimilation through conscious use of the language.

The lists of vocabulary, expressions, and the exercises following them might seem lengthy and time-consuming. This exhaustive approach, however, has specific pedagogical reasons behind it. Students at the advanced level should develop their fluency and precision at the same time, which is not possible without having the ability to select from a wide range the right lexemes and idioms appropriate for the specific context and meaning intended. The exhaustive lists of vocabulary and experessions and the many exercises working with synonyms, antonyms, and semantic fields aim at providing the students with this ability. In addition, students generally do not assimilate all the material they cover, and so they and their teachers can select parts that they deem important to focus on. All the words and expressions listed are translated within the lessons or in the vocabulary glossary at the end of the book.

8. Integrating skills

Although this textbook is designed to focus primarily on writing, it also allows for ample opportunities to work with other skills by activating and integrating them through a number of exercises and activities. The students will start by reading a model text, presenting on it, and discussing it before they move to the analysis and expansion of its main vocabulary, grammatical features, and stylistic devices. The final stage focuses on writing.

9. Rich and varied cultural content

Each lesson pays a great deal of attention to cultural content, which is inseparable from linguistic input, style, and linguistic functions. This cultural content is also varied in such a way as to reflect the geographical, ethnic, religious, and gender diversity of the Arab world. The choice of texts reflects this diversity and spans many genres and periods. The cultural components of each unit are introduced through several kinds of activities, including researching biographies of authors, general historical contexts of the texts, comprehension questions, cultural notes, poems, songs, proverbs, etc.

Lesson Structure

Each lesson has the following structure:

- A list of the linguistic function or functions of the lesson and its objectives and linguistic content.
- Reading comprehension of a model text with pre- and post-reading exercises (writing and presenting about the author, comprehension questions, leading discussions, using the text as a starting point to discuss the general theme, discussion of cultural themes, etc.) We suggest a second reading, which focuses on the analysis of vocabulary, grammar, and stylistic devices pertinent to the communicative function of the model text.
- Vocabulary expansion with lists and exercises.
- Cultural notes, where relevant.
- Grammar review of points pertinent to the communicative function of the lesson and exercises.
- Expansion of stylistic devices, starting with the ones extracted from the text, and expressions with lists and exercises.

- Writing exercises consisting of short and long compositions, guided and free writing in the function of the lesson.
- Suggestions of further readings in the theme or function of the lesson.

Vocabulary Glossary

This textbook includes an extensive glossary at the end. The vocabulary is arranged by root. For easy reference, once one word is introduced under a certain root, all related words are intended. This will also help the students see the semantic relationships between these words. This glossary is not intended to cover all words that occur throughout the chapters. The assumption is that students at the advanced level have already acquired a good amount of vocabulary and can use a dictionary effectively.

الوحدة الأولى المراسلات الشخصية

Unit One **Personal correspondence**

By the end of this unit, you will be able to:

• Write cards, letters, and emails

• Recognize and use the proper register and formulae depending on whom you are writing to and for what occasion

In order to achieve these objectives, you will learn the following linguistic points:

• Types of correspondence, occasions, and formulae

• Format of a personal letter

• Types of weak verbs and the conjugation of two of these groups

You will also explore the following cultural points:

• Two lines of poetry from the pre-Islamic poet Antara Ibn Shaddad

• The format of a personal letter

• The importance of greetings in a personal letter

• Some holidays and special occasions

• The proper idiomatic expressions or formulae for specific social occasions, such as births, weddings, and deaths

LESSON ONE: CARDS, LETTERS, AND EMAIL

الدرس الأول: البطاقات و الرسائل و الإيميل

هل غَادر َالشعراءُ من متردمِ   أم هل عرفتَ الدارَ بعدَ توهُّـــــــمِ

يا دار َعبلة بَالجواء ِتكلّمـــــي   و عمي صباحاً دَارَ عبلةَ و اسلَمي

عنترة بن شداد

أ- تمهيد للقراءة:

تمرين ١: كتابة (في البيت) و تقديم (في الصف)

هل ستصبح الرسائل مقصورة على الإيميل؟ ما هي الإختلافات التي ترونها بين كتابة الرسائل التقليدية و الإيميل؟ أيّ شكل تفضلون و لماذا؟

تمرين ٢: محادثة (في الصف)

لماذا نكتب البطاقات و الرسائل؟

تمرين ٣: تحضير مفردات (في البيت)

أُدرسوا المفردات التالية استعداداً لقراءة النص.

بعض الشيء	Somewhat
أعرق	With the longest history, with the greatest pedigree
ذات سمعة ممتازة	Has an excellent reputation
طبعاً	Naturally, of course
أخيراً	Finally, recently
بحكم	Due to, by virtue of
أول الأمر	At first
تماماً	Completely
سنون/سنين/سنوات	Year-s
ألاّ (أن + لا)	Not to
أجمع - يجمع - إجماع	To reach consensus, to agree unanimously
حشا - يحشو - حشو	To stuff
كوسة محشي	Stuffed zucchini

ب- القراءة:

تمرين ٤: فهم (في البيت)

إقرأوا النص ثم أجيبوا على الأسئلة التالية استعداداً لمناقشتها في الصف:

١- ما هما الخبران اللذان يذكرهما ماهر في رسالته؟
٢- ما هي الأسباب التي أدّت إلى انفصال ماهر عن ليلى؟
٣- إلى كم جزء تنقسم هذه الرسالة حسب المحتوى و الأسلوب؟ هل تختلف عن طرق أخرى في المراسلة و كيف؟

رسالة

بسم اللّه الرحمن الرحيم[1]

نيويورك في ١١ يونيو ٢٠١١

أختي العزيزة لينا

كم اشتقت إليكم جميعاً و إلى الوالدة الحبيبة و كل الأهل وجلساتنا المسائية في حديقة بيتنا بعد العشاء. كيف حالكم؟ هل من جديد لديكم؟ هل نجح معزّ في الإمتحانات؟ هل تحسّنت صحة جدي؟ أتمنى له أحسن الصحة و العافية كما أرسل له و لجدتي و أمي الغالية قبلاتي الحارة و تحياتي للجيران و الأصدقاء و أرجو أن تكونوا كلكم بخير.

عندي لكم خبران جديدان أحدهما جيد و ثانيهما سيء **بعض الشيء**. أولاً، نجحت و الحمد للّه في امتحاناتي و حصلت على الجستير بدرجة ممتاز و قبلتني الجامعة للإلتحاق ببرنامج الدكتوراه. كنت قد ذكرت في رسالتي الأخيرة أنّي تقدّمت إلى بعض الجامعات. و لقد وصلني منذ قرابة شهر عرضان من جامعتين أخريين إحداهما هارفرد التي تقع في مدينة بوسطن و الأخرى كمبردج و هي كما تعرفون من أعرق الجامعات في بريطانيا. احترت في الإختيار بين الجامعات الثلاث فكلها قدمت لي منحة محترمة و كلها جامعات **ذات سمعة** ممتازة و لكنني من ناحية تعوّدت على الحياة في هذه المدينة كما تعرفت على بعض الأصدقاء و الزملاء و الأساتذة و هذا مل يجعل الإنتقال إلى مكان آخر صعباً. **و من ناحية أخرى** فإنّ الإنتقال إلى بريطانيا يقرّبني منكم إذ لا تدوم الرحلة بالطائرة من هناك أكثر من ثلاث ساعات. سأفكر في الموضوع أكثر و سأشتشير بعض الناس **كما** يهمني رأيكِ طبعاً.

أما الخبر الثاني فقد سبّب لي بعض القلق. أخيراً قرّرت الإنفصال عن ليلى فقد صارت العلاقة مستحيلة بحكم المسافة. الرسائل و التلفونات و الإيميل و الزيارات القصيرة في الإجازات لا تكفي. طبعاً انزعجت أول الأمر لما أخبرتها و لا أظنّ أنّها

[1] It is typical for Muslim Arabs to open letters with this expression.

ستقتنع بالفكرة. أشعر بحزن عميق و لكنني أدرك تماماً أنّى سأظلّ بعيداً في الغربة سنين حتى أحصل على الدكتوراه و أنّه من الأحسن لليلى ألاّ تنتظرني و أن تعيش حياتها حرّة فقد تلتقي بشاب يناسبها و لن يتركها و يهاجر مثلما فعلتُ. أرجو منك أن تحاولي إقناعها و أن تواسيها لما تلتقيان في الجامعة. آه من الغربة و البعد!

لقد أرسلت إليك الكتب التي طلبتها و بعض الأدوية لجدي و سأحضر ما وعدت أمي به في زيارتي القادمة إن شاء اللّه. سلامي إلى جميع الأهل و الجيران و إلى خالي ماهر و زوجته و أبنائه و بناته و قبلاتي الحارة لك و للوالدة العزيزة. لقد اشتقت إلى أكلة طيبة من يديها و قولي لها لقد طبخت كوسة محشي على طريقتها لبعض الأصدقاء و قد أجمعوا بأنها كانت طيبة.

أخوك المشتاق
ماهر

ج- إثراء المفردات:

تمرين ٥: إثراء مفردات (في البيت ثم في الصف)

زاوجوا بين المفردات في الجدولين التاليين حسب معانيها:

ا	ب
أرسل	عافية
قُرابة	كلّ
أدرك	غالٍ
صحة	بعث
رجا	حوالي
جميعاً	في البداية
عريق	فهم
أوّل الأمر	سلام
عزيز	ذو تاريخ طويل
تحيّة	تمنّى

تمرين ٦: إثراء مفردات (في الصف)

أكملوا الشجرة التالية مستعملين هذه المفردات و غيرها مما يمكن أن تضيفوه مركزين على أنواع المراسلات و أغراضها و مناسباتها. يمكنكم إضافة خطوط و دوائر أخرى حسب الحاجة:

إيميل التعزية الشخصية الزفاف/العرس البريدية المواساة الشفاء
التهنئة الرسمية الخطوبة الولادة عيد الميلاد النجاح الشكر
التخرّج الأعياد و المواسم الدينية المرض المناسبات دعوة دعاية
مسّج – مسّجات (text messages) التعارُف الحبّ العمل الصداقة

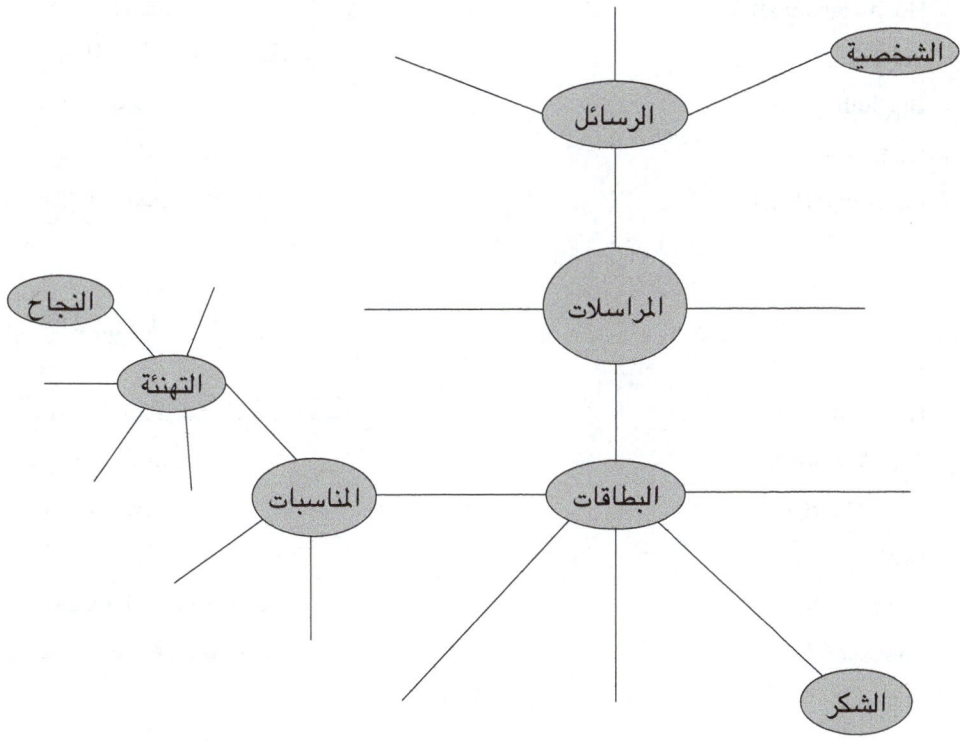

د- الثقافة:

1. Letters and cards

As you have noticed from the sample text above, personal letters have specific aspects and formulae that differ from official correspondence:

a. Endearing terms are very common and frequent in these correspondences.
b. Greetings take a significant part of the letter in the beginning and at the end. This is considered polite and is observed in emails as well.
c. Date, place, final greeting, name of the writer and signature are placed towards the left side of the letter.

2. Religious holidays

The Arab world is very diverse in religions, sects, and denominations. There are many religious celebrations that vary according to regional calendars and local traditions. Below is a brief list of religious holidays in the three monotheistic religions.

ا- اليهوديّة

Rosh Hashanah	رأس السنة
Yom Kippur	يوم الغُفران، يوم التكفير
Sukkoth	عيد العريش
Hanukkah	عيد الأنوار
Passover, Pesah	عيد الفصح

ب- المسيحية

Christmas	عيد الميلاد، عيد ميلاد المسيح
Ash Wednesday	أربعاء الرماد
Palm Sunday	عيد الشعانين
Lent	الصوم الكبير
Good Friday	الجمعة العظيمة/الحزينة
Passover	عيد القيامة، عيد الفصح

ج- الإسلام

Hijri New Year	رأس السنة الهجرية
Birth of the Prophet	المولد النبوي
Commemoration of the death of Hussein	عاشوراء
Ramadan	رمضان

Night of Power	ليلة القدر
Eid al-Fitr	عيد الفطر، العيد الصغير
Pilgrimage to Mecca	الحجّ
Eid al-Adha	عيد الأضحى، العيد الكبير

تمرين ٧: إثراء مفردات (بحث في البيت ثم تقديم في الصف)

ابحثوا عن أحد الأعياد المذكورة أعلاه، أُكتبوا فقرة عنه، ثم قدموها في الصف. متى كيف و لماذا يحتفل الناس به؟ هل يعدّون طعاماً خاصاً بهذا العيد؟

3. Other occasions

Below are some of the social and cultural occasions people celebrate in various parts of the Arab world.

Birth	الميلاد
Seventh day of the birth, celebrated in Egypt	السبوع
The fortieth day after birth, celebrated in some Arab countries	الأربعين
Baptism	التعميد
Circumcision	الختان
Graduation	النجاح، التخرّج
Engagement	الخطوبة
Writing the marriage contract	كتب الكتاب
Wedding	الزفاف، العُرس
Funeral	الجنازة

تمرين ٨: إثراء مفردات و كتابة (في البيت)

أُكتبوا بطاقة قصيرة لإحدى المناسبات المذكورة أعلاه. يمكنكم استعمال بعض العبارات الثقافية المذكورة أدناه (ص ٢٨).

هـ- القواعد:

١- مراجعة الأفعال المعتلة: المثال و الأجوف

الأفعال المعتلة, weak verbs, are irregular verbs which contain weak letters, حروف العلة, that is, و or ي. Consider the following examples from the main text:

- أرجو أن تكونوا كلكم بخير. (رجا-يرجو، كان-يكون)
- سأحضر ما وعدت أمي به في زيارتي القادمة إن شاء الله. (وعد-يعِد، شاء-يشاء)

There are four types of weak verbs depending on whether the weak letters occur in the beginning, middle or end of the verb and whether they occur once or twice. Here is the general scheme of these verbs based on the simple form of the verb فعل, which is the most irregular of all forms.

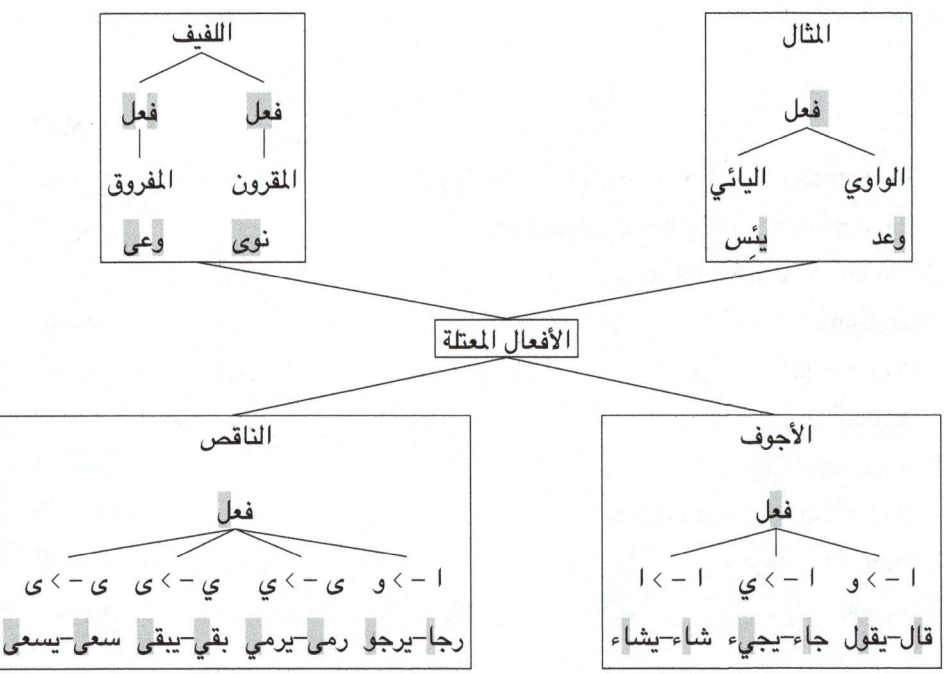

تمرين ٨: (قواعد و كتابة في البيت أو الصف)

اِستخرجوا الأفعال المعتلّة بكل أوزانها من النص الأساسي و حدّدوا نوعها ثم صيغوها في الماضي و المضارع مع "هو".

تصريف المثال و الأجوف

Conjugating المثال is straightforward: المثال اليائي is conjugated like any regular verb and keeps the weak letter ي in all tenses; المثال الواوي, however, keeps the و in the past tense and drops it in all types of المضارع.

Conjugating الأجوف relies on (a) recognizing under which of the three categories of الأجوف the verb falls, and (b) how it keeps or drops the weak letter in various tenses. In the past, all third person pronouns keep the *alif*, except for هنّ. In المضارع المرفوع و المنصوب, all pronouns keep the weak letter, except for هنّ and أنتنّ. As for المضارع المجزوم, syllabic structure determines the conjugation; i.e. a *sukun* cannot occur after a long vowel. Study the following chart:

النوع الأول: عاد – يعود

المضارع المجزوم	المضارع المنصوب	المضارع المرفوع	الماضي	الضمير
أعُدْ	أعودَ	أعودُ	عُدتُ	أنا
تعُدْ	تعودَ	تعودُ	عُدتَ	أنتَ
تعودي	تعودي	تعودينَ	عُدتِ	أنتِ
يعُدْ	يعودَ	يعودُ	عاد	هو
تعُدْ	تعودَ	تعودُ	عادت	هي
تعودا	تعودا	تعودانِ	عُدتُما	أنتما
يعودا	يعودا	يعودانِ	عادا	هما
تعودا	تعودا	تعودانِ	عادتا	هما
نعُدْ	نعودَ	نعودُ	عُدنا	نحن
تعودوا	تعودوا	تعودونَ	عُدتُم	أنتم
تعُدنَ	تعُدنَ	تعُدنَ	عُدتُنَّ	أنتنّ
يعودوا	يعودوا	يعودونَ	عادوا	هم
يعُدنَ	يعُدنَ	يعُدنَ	عُدنَ	هنّ

Both other types of الأجوف, such as باع - يبيع and نام - ينام, behave in the same way, except for their corresponding weak letters and having a kasra for their initial vowel.

النوع الثاني: باع – يبيع

الضمير	الماضي	المضارع المرفوع	المضارع المنصوب	المضارع المجزوم
أنا	بِعتُ	أبيعُ	أبيعَ	أبِعْ
أنتَ	بِعتَ	تبيعُ	تبيعَ	تبِعْ
أنتِ	بِعتِ	تبيعينَ	تبيعي	تبيعي
هو	باع	يبيعُ	يبيعَ	يبِعْ
هي	باعت	تبيعُ	تبيعَ	تبِعْ
أنتما	بِعتُما	تبيعانِ	تبيعا	تبيعا
هما	باعا	يبيعانِ	يبيعا	يبيعا
هما	باعتا	تبيعانِ	تبيعا	تبيعا
نحن	بِعنا	نبيعُ	نبيعَ	نبِعْ
أنتم	بِعتُم	تبيعونَ	تبيعوا	تبيعوا
أنتنّ	بِعتُنَّ	تبِعنَ	تبِعنَ	تبِعنَ
هم	باعوا	يبيعونَ	يبيعوا	يبيعوا
هنّ	بِعنَ	يبِعنَ	يبِعنَ	يبِعنَ

النوع الثالث: نام – ينام

الضمير	الماضي	المضارع المرفوع	المضارع المنصوب	المضارع المجزوم
أنا	نِمتُ	أنامُ	أنامَ	أنمْ
أنتَ	نِمتَ	تنامُ	تنامَ	تنمْ
أنتِ	نِمتِ	تنامينَ	تنامي	تنامي
هو	نام	ينامُ	ينامَ	ينمْ
هي	نامت	تنامُ	تنامَ	تنمْ
أنتما	نِمتُما	تنامانِ	تناما	تناما
هما	ناما	ينامانِ	يناما	يناما
هما	نامتا	تنامانِ	تناما	تناما
نحن	نِمنا	ننامُ	ننامَ	ننَمْ
أنتم	نِمتُم	تنامونَ	تناموا	تناموا
أنتنّ	نِمتُنَّ	تنَمن	تنَمن	تنَمن
هم	ناموا	ينامونَ	يناموا	يناموا
هنّ	نِمنَ	ينَمنَ	ينَمنَ	ينَمنَ

<u>تمرين ٩</u>: قواعد (في البيت أو في الصف)

صرّفوا الأفعال المذكورة بين قوسين منتبهين إلى الضمائر و الأزمنة المناسبة.

بطاقة من دمشق

(نحن/وصل) ________ أمس مدينة دمشق العريقة التي (وقع) ________ في جنوب سوريا و التي (عاد) ________ تاريخها إلى آلاف السنين حين (كان) ________ تُعتبر من أهمّ المراكز الثقافيّة و التجاريّة في المنطقة التي تُعرف اليوم باسم "الشرق الأوسط".

إنّ المسافرين الذين (زار) ________ هذه المدينة سواء (جاء) ________ من أوروبا أو من البلاد العربيّة لا بُدّ أن (نام) ________ في خاناتها القديمة

و أن (قام) ———— ———— بزيارة أسواقها التي (باع) ———— ———— فيها
التجار كلّ أنواع التوابل و العطور و التي (قال) ———— عنها ابن جبير
في رحلته المشهورة إنّها من أجمل المناظر التي (وقع) ———— عليها عيناه.

٢- استعمالات "قد"

قد has three uses in Arabic:

**To emphasize that the act
did happen in the past
and is complete**

ا- لام البدء + قد + الماضي

مثال من النص: و لقد وصلني منذ قرابة شهر عرضان من جامعتين أخريين ...

... and I did receive/received almost a month ago two offers from two other
  universities.

**To express the past perfect:
had (already) been done**

ب- كان + قد + الماضي

مثال من النص: كنت قد ذكرت في رسالتي الأخيرة أنّي تقدّمت إلى بعض
الجامعات.

I had (already) mentioned in my last letter that I applied to some universities.

To express doubt: might do

ج- قد + المضارع المرفوع (ربمّا)

مثال من النص: فقد تلتقي بشاب يناسبها...

She might meet a young
  man who suits her ...

و- الأسلوب:

عبارات من النص:

***Kam* of exclamation: oh, how ... !**

١- (كم + فعل، كم + اسم مفرد نكرة مجرور)

مثال من النص: كم اشتقت إليكم جميعاً و إلى الوالدة الحبيبة ...

On the one hand ... and on the other hand ...

٢- من ناحية ... و من ناحية أخرى ...

مثال من النص: من ناحية تعودت على الحياة في هذه المدينة كما تعرفت على
بعض الأصدقاء و الزملاء و الأساتذة و هذا ما يجعل الإنتقال إلى مكان آخر
صعباً. و من ناحية أخرى فإنّ الإنتقال إلى بريطانيا يقرّبني منكم.

٣- كما/مثلما + فعل   **As, like**

مثال من النص: سأشتشير بعض الناس <u>كما</u> يهمني رأيكِ طبعاً.

مثال من النص: و لن يتركها و يهاجر <u>مثلما</u> فعلتُ.

تمرين ١٠: (ترجمة و كتابة في البيت)

ترجموا الأمثلة المستخرجة من النص ثمّ اكتبوا جملة بكلّ من العبارات الجديدة.

إثراء العبارات:

ا- مفردات:

To contact	اتّصل – يتّصل – اتّصال
Means of communication	وسائل الإتصال، الإتصالات
To send, to dispatch	أرسل – يرسل – إرسال، بعث – يبعث – بعث
To correspond	راسل – يراسل – مراسلة، تراسل – يتراسل – تراسل
Letter-s, message-s	رسالة – رسائل، مكتوب – مكاتيب،
	مرسول – مراسيل
Mail, post	بريد
Post office	مكتب البريد
Mail person	ساعي البريد
Email	بريد الكتروني، إيميل
Messenger-s	رسول – رُسل
Stamp-s	طابع بريدي – طوابع بريدية
Envelope-s	ظرف – ظروف، مغلّف – مغلّفات
Address-es	عنوان – عناوين
Reply-ies, response-s	ردّ – رُدود

ب- عبارات ثقافية :

Dear	عزيز، حبيب (أخي العزيز، أمي الحبيبة)
Sincerely	المخلص
May you be well every year,	كل عام و أنتم بخير،
season's greetings	و أنتم سالمون، و أنتم طيبون
Happy Holiday	عيد مبارك
Happy birthday	عيد ميلاد سعيد
Congratulations	مبروك، ألف مبروك على
Congratulations on the newborn,	يكبر/تكبر في عزّك
May he/she grow up in your prosperity	
Please accept our sincerest	تقبلوا منا أصدق التهاني بـ ...
congratulations	
Congratulations and best wishes	أجمل التهاني و أطيب الأماني
Please accept our sincerest	تقبلوا منا أصدق عبارات الشكر
expressions of gratitude	
Welcome back	الحمد لله على السلامة
Said when someone returns from	حجّ مبرور (و ذنب مغفور)
pilgrimage	
We wish you a speedy recovery	نتمنّى لكم الشفاء العاجل
Get well	سلامتك
Please accept our sincerest condolences	تقبّلوا منا أصدق التعازي
Our condolences, our sympathies	البقاء لله، البركة فيكم،
	عظّم الله أجركم
Thank you for the condolences	تعيش و ترحّم

تمرين ١١: قراءة و كتابة جماعية (في الصف)

إقرأوا البطاقات التالية، ترجموها ثم حدّدوا أغراضها. استخرجوا القوالب و العبارات الخاصة بها ثم استعملوا إحداها نموذجاً لكتابة بطاقة:

عيد ميلاد سعيد مجيد
مع أجمل الأماني وأطيب التهاني بمناسبة
ميلاد المسيح وحلول السنة الجديدة
وكل عام وأنتم بخير

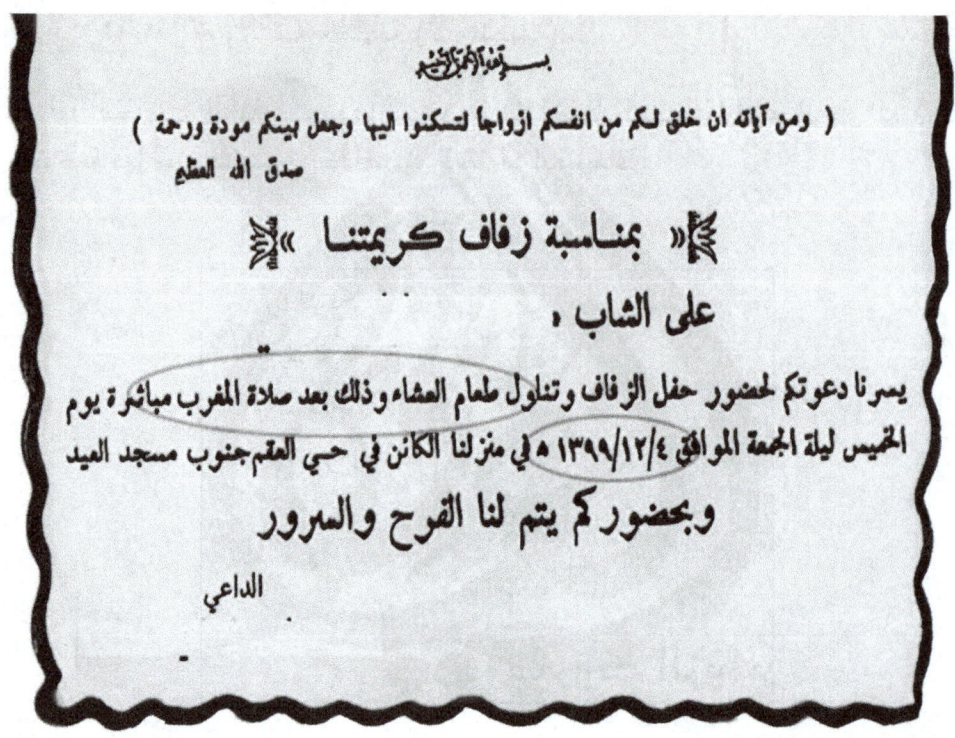

بسم الله الرحمن الرحيم

(ومن آياته ان خلق لكم من انفسكم ازواجا لتسكنوا اليها وجعل بينكم مودة ورحمة)

صدق الله العظيم

« بمناسبة زفاف كريمتنا »

على الشاب ..

يسرنا دعوتكم لحضور حفل الزفاف وتناول طعام العشاء وذلك بعد صلاة المغرب مباشرة يوم الخميس ليلة الجمعة الموافق ١٣٩٩/١٢/٤ هـ في منزلنا الكائن في حي العقم جنوب مسجد العيد

وبحضوركم يتم لنا الفرح والسرور

الداعي

ج- الإيميل (الجزء الأول):

All PC and Mac platforms and most internet email programs support Arabic as well as control of the writing direction from right to left.

Although email has become synonymous with brevity, directness and the use of many acronyms, it is still similar in Arabic to written letters. Etiquette, including greetings in opening and closing as well as proper forms of address, is still expected. This is true even of text messages, although they naturally tend to be much shorter. A new language is being invented for such new means of communication, and many ready-made messages can be downloaded from the internet. Operating systems on cellphones, especially smart phones, can be switched to Arabic and allow for all normal functions, including typing messages or emails.

Below is an informal email exchange. All names and personal details have been removed for privacy reasons.

تمرين ١٢: قراءة (في البيت ثم في الصف)

ا- اقرأوا الإيميل التالي ثم أجيبوا على الأسئلة:

١- ذكر الكاتبان مدناً و بلداناً في رسالتيهما. ما هي و ما علاقتها بهما؟

٢- كيف كانت تجربتهما في عمان الصيف الماضي؟

٣- ما هي بعض الأشياء التي قاما بها سويّةً؟

٤- ما هي بعض العبارات التي استعملاها للتعبير عن احترامهما المتبادل و عن صداقتهما؟

ب- تعلموا العبارات التالية قبل القراءة:

To be blessed with, to enjoy	تنعم بـ...
Finished with, completed	فرغت من، انتهيت من
Proud of	فخوراً بـ...
Their achievements	إنجازاتهم
In the best of states, doing well	في أحسن حال
It pains me that/to	يحزّ في نفسي ألا
Together with	سوية، معاً
We found it tasty, liked its taste	استطبناه
We recited	ألقيناه (ألقى الشعر)
The banks/shores of the Dead Sea	ضفاف البحر الميت
Till then	حتى ذلك الحين
A great deal of, a substantial part of	قسطاً كبيراً من
More	المزيد من

Subject: قبل السفر

From: ...

Date: May 15, 2011 1:21:05 AM EDT

To: ...

عزيزي ...

أرجو أن تكون بخير و عافية و أن تكون قد بدأت تنعم ببعض الراحة بعد نهاية فصل دراسي طويل و شاقّ. هل فرغت من تصحيح الإمتحانات النهائية؟ أرجو أن تكون النتائج في مستوى يجعلك فخوراً بطلابك فإنجازاتهم هي أيضاً إنجازاتك. هل بدأت في الإستعداد لرحلتك إلى الأردن؟ هل ستزور عائلتك في أغادير هذا الصيف و هل تنوي قضاء رمضان و عيد الفطر هناك؟ أرجو أن يكونوا كلهم في أحسن حال.

أنا و الأسرة بخير و الحمد لله. يمضي يومنا بين الإهتمام بالمولودة الجديدة و مقتضيات الحياة اليومية. أما القليل المتبقي من الوقت فأقضيه في الكتابة و الإيميل و المكالمات. إننا سعداء رغم انشغالنا. سنسافر إن شاء الله في أوائل يوليو لقضاء ستة شهور بين برلين و تونس و هذا ما يتيح لنا فرصة الإجتماع بأهلنا مدة أطول مما اعتدناه في عطل الصيف.

أرجو أن نجتمع قبل مغادرتك إلى عمان. يحزّ في نفسي ألا نكون هناك سويّةً هذا الصيف. أتذكر كم من الوقت قضينا معاً أمام شاشة التلفزيون نتابع مباريات كأس العالم لكرة القدم و كيف كنا ننزل إلى البلد لنفطر عند هاشم أو نتسوق قرب جامع الحسين أو نبحث عن كعك السمسم الذي استطبناه؟ أتذكر رحلتنا إلى العقبة مع عمر و الشعر الذي ألقيناه في طريقنا إلى هناك؟ لن أنسى طريق العودة الذي اتبعناه و المطعم اللبناني الذي وجدناه على ضفاف البحر الميت. كان أكله طيباً. كانت كلها لحظات جميلة قضيناها معاً فثبّتت الصداقة بيننا.

لن نكون معاً في الأردن هذا الصيف و لكنّنا سنلتقي بإذن الله عند عودتي من أوروبا في بداية السنة القادمة. حتى ذلك الحين أرجو لك وقتاً ممتعاً و قسطاً كبيراً من الراحة و المزيد من الذكريات الجميلة.

تحياتي،

صديقك ...

ج- تعلموا هذه العبارات قبل القراءة:

I wish/pray that you and her mother will be pleased with her	أرجو من الله أن يقرّ بها عينك وعين والدتها
I am waiting impatiently	أنتظر بفارغ الصبر
I am certain	على يقين
For what I have known you to be	لما عهدت فيك من
Deduction, inference, inventiveness	الاستنباط
Overall, on the whole	في عمومها
Is a reason for satisfaction	تبعث على الإطمئنان

Solidarity	التآزر
Journey, path	مشوار، طريق
Certainly, surely	بكل تأكيد
Zealous, ardent, enthusiastic	المُتحمِّسة
Will not be like the ones that preceded it	لن تكون كسابقاتها
I miss ... so much	ولكم أنا مشتاق لـ ...
I pray the Lord will bless it with peace and progress	أرجو من المولى أن ينعم عليها بالسلام والتقدّم
Please accept my warm greetings to you and your family	تقبل سلامي الحار لك ولكل الأسرة
Until	وإلى حين
With my sincere greetings, sincerely	مع خالص تحياتي

From: ...
Subject: Re: قبل السفر
Date: May 16, 2011 5:35:29 PM EDT
To: ...

أخي العزيز ...،

ألف شكر على رسالتك الجميلة. أرجو أن تكون أنت وأسرتك الكريمة بصحة وعافية وأن يكون يومك قد بدأ يتكيف مع عادات نوم المولودة الجديدة. أعرف أن إنشغالاتك زادت هذه الأيام، ولكن لا أشك أنّ سعادتك هي الأخرى زادت بقدومها. أرجو من الله أن يقرّ بها عينك وعين والدتها.

وعلى ذكر الإنشغالات، هل بدأت بالإتصال بدور النشر فيما يخص كتابك الثاني؟ أنتظر بفارغ الصبر الإطلاع على كتابك الآخر الذي سينشر قريبا إنشاء الله، فأنا على يقين أنه سيكون في مستوى أكاديمي عالٍ لما عهدت فيك من دقة في التفكير وقدرة على التحليل والاستنباط.

اليوم أنهيت تصحيح الاختبارات ووضع العلامات. النتائج في عمومها جيّدة جداً وتبعث على الإطمئنان فيما يخص جودة برنامجنا اللغوي في القسم، وعلى التفاؤل تجاهَ هذا التآزر المتزايد بيننا نحن الأساتذة. إنها لحظات رضا كهذه، كما تعلم، هي التي تُنسينا طول مشوار التدريس و تخفّف عنا مشقته.

قضيت يوم أمس في التسوّق إستعداداً لرحلتي إلى عمّان. أنا مشتاق للعمل في هذا البلد الجميل مرةً أخرى والعيش بين أهله الطيبين، ولكن بكل تأكيد سأفتقد صحبتك وصحبة .... نعم، أوقات رائعة تلك التي قضيناها معاً هناك: مشاهدتنا المُتحمِّسة لمباريات كأس العالم لكرة القدم، والتجوّل في وسط البلد، وقراءاتنا الشعرية و نقاشاتنا الفكرية، كلها أشياء سأشتاق إليها في زيارتي المُقبلة.

أنوي أن أزور عائلتي في المغرب بعد عودتي من عمّان. سأقضي معهم إنشاء الله النصف الثاني من شهر رمضان وعيد الفطر. وسيكون هذا أول عيد أقضيه مع عائلتي منذ مجيئي إلى أمريكا قبل إثنتي عشرةَ سنة.

متى ستكون في تونس؟ أعرف أنّ زيارتك لها هذه المرّة لن تكون كسابقاتها، فأنت تعود إليها بعد ثورتها العظيمة. ولكم أنا مشتاق للقائك بعد عودتك السنة القادمة لأسمع إنطباعاتك عن أخبار تونس ما بعد الثورة! أرجو من المولى أن ينعم عليها بالسلام والتقدّم. كما أرجو منه أن تكون عائلتك وعائلة زوجتك بخير وعافية.

وإلى حين إجتماعنا قبل مغادرتي إلى الأردن، تقبّل سلامي الحار لك ولكل الأسرة وخصوصاً الصغيرة ....

مع خالص تحياتي،

صديقك ...

ذ- الكتابة:

تمرين ١٣: كتابة (في البيت)

تبادلوا رسالة بالإيميل مع أستاذ(تـ)كم أو أحد/إحدى زملائكم ثم اطبعوه و قدّموه كواجب للتصحيح. يمكنكم أيضاً أن ترسلوا نسخة منه إلى أستاذ(تـ)كم.

تمرين ١٤: كتابة (في البيت)

أُكتبوا رسالة شخصية (حوالي ٣٠٠ كلمة) إلى أحد أصدقائكم أو أقاربكم. استعملوا الشكل و العبارات التي درسناها.

ح‍- قراءات إضافية في محور المراسلات :

الطيب صالح «رسالة إلى أيلين».
إميل حبيبي «الحبّ في قلبي».
غسان كنفاني «موت سرير رقم ١٢»
ميخائيل نعيمة «ساعة الكوكو»

الوحدة الثانية المراسلات والكتابات المهنية

Unit Two **Professional correspondence and writing**

By the end of this unit, you will be able to:

- Write official and professional announcements, letters, emails, and résumés

- Recognize and use the proper register and formulae depending on whom you are writing to and for what purpose

In order to achieve these objectives, you will learn the following linguistic points:

- Types of professional correspondence, writings, and formulae

- The format of a professional announcement, a letter, and a résumé

- Conjugations of the third and fourth groups of weak verbs

- Nouns derived from weak verbs

You will also explore the following cultural points:

- A line of poetry by the fourth Khalifa Ali Ibn Abi Talib

- The format of a job announcement, a formal letter, and a résumé

- The proper idiomatic expressions, formulae, and formal forms of address

- The importance of addressing people with their formal titles

LESSON TWO: FORMAL LETTERS, RÉSUMÉS, AND EMAIL

الدرس الثاني: الرسائل الرسمية و السير المهنية و الإيميل

لو كانَ هذا العِلمُ يُحَصَّلُ بالمُنى   لما ظَلَّ على وَجهِ البَرِيَّةِ جاهِلُ

علي بن أبي طالب

ا- تمهيد للقراءة:

تمرين ١: بحث و كتابة (في البيت) و تقديم (في الصف)

ابحثوا عن إعلان وظيفة شاغرة ثمّ ترجموه.

تمرين ٢: محادثة (في الصف)

أين نبحث عن إعلانات الوظائف؟ ما هو شكل الإعلانات عموماً؟ هل تختلف أشكالها باختلاف الوظيفة؟

تمرين ٣: تحضير مفردات (في البيت)

أُدرسوا المفردات التالية استعداداً لقراءة النص.

To announce	أعلن – يعلن – إعلان
Announcement-s, advertisement-s	إعلان – إعلانات
Sector-s	قطاع – قطاعات
To calculate, count	حسب – يحسِب – حِساب
Computer	حاسوب، كمبيوتر
To lessen, decrease, be less than	قلّ – يقِلّ – قِلّة (عن)
No less than	لا تقلّ عن
To prefer	فضّل – يفضّل – تفضيل
It is preferred to, it is preferable that	يُفضَّل أن
Council-s, assembly-ies	مجلس – مجالِس
Gulf Co-operation Council, GCC	مجلَس التعاونَ الخليجي
To attract, seduce	أغرى – يغري – إغراء
Attractive	مُغرٍ
To guarantee, insure	ضمن – يضمَن – ضمان
Health insurance	ضمان صحي
Housing allowance	بدل سكن
To enclose, attach	أرفق – يرفق – إرفاق
Enclosed, attached	مُرفقة
To copy	نسخ – ينسُخ – نسخ

Copy-ies	نُسخة – نُسخ
Notarized/certified copies	نسخ مطابقة للأصل
To ask for, request, inquire	طلب – يطلُب – طلب
Application-s, request-s	طلب – طلبات
To be a candidate, nominate oneself	ترشّح – يترشّح – ترشّح
Candidacy	ترشح
Respected, venerable, esteemed	الموقر، المُحترم
To carry	حمل – يحمِل – حمل
Certificate-s, degree-s, diploma-s	شهادة – شهَادات
Graduate, holding a degree	حامل شهادة
Master's thesis	رسالة الماجستير
To succeed, to pass an exam	نجح – ينجَح – نجاح
To pass with distinction	نجح بامتياز
Workshop, seminar-s, conference-s	ندوة – ندوات
Workshop-s, training seminars	ندوات تدريبية
To acclimate, adjust, adapt to	تكيّف – يتكيّف – تكيّف مع
Adjusting to	التكيُّف مع
For more information	للمزيد من المعلومات
Biography-ies, epic-s	سيرة – سِيَر
CV, résumé	سيرة مهنية
Document-s	وثيقة – وثائق
Director of human resources, director of personnel	مدير شؤون الموظفين
Deadline-s, waiting period, appointed time	أجل – آجال
The deadline for	آخر أجل لـ

ب- القراءة:

تمرين ٤: فهم (في البيت)

إقرأوا النص ثم أجيبوا على الأسئلة التالية استعدادا لمناقشتها في الصف:

١- خمّنوا معنى الكلمات التالية:

مؤهلات ـــــــــــــــــــــــ

خبرة ـــــــــــــــــــــــ

امتيازات ـــــــــــــــــــــــ

٢- هل تعتقدون أنّ كاتب الرسالة مؤهل للوظيفة المعلنة و لماذا؟

٣- ما هي بعض الخصائص الشكلية و الأسلوبية و الثقافية التي تلاحظونها في الإعلان و الرسالة؟

١- الإعلان[1]

شركة استثمارات كبرى

تعلن عن حاجتها إلى:

مدير مكتبها بدبي

المؤهلات:

- مؤهل عالٍ في إدارة الأعمال.
- معرفة كاملة بقطاع المال و الإستثمارات.
- إجادة اللغتين العربية و الإنجليزية تكلّماً و قراءة و كتابة.
- دراية تامة باستعمال الحاسوب و البرمجة.
- قدرات فائقة على التخاطب و القيادة و التعاون مع بقية الموظفين.
- مستوى عالٍ من النظام و التعامل مع أكثر من مشروع في نفس الوقت.

الخبرة:

- خبرة لا تقل عن عشر سنوات في قطاع البنوك و الإستثمارات.
- خبرة لا تقل عن خمس سنوات في إدارة مكتب.
- يُفضّل أن تكون هذه الخبرة في بلدان مجلس التعاون الخليجي.

الإمتيازات:

- راتب مغرٍ.
- ضمان صحّي.
- بدل سكن.
- سيارة خاصة للتنقّل.

---

[1] This ad is fictitious and used solely for learning purposes. This also applies to the letter and CV included in this chapter.

يُرجى إرسال جميع الطلبات مرفقة بصور مطابقة للأصل من الشهادات العلمية و العملية إلى:

مدير شؤون الموظفين

ص ب ٩٥٦٢٧

دبي ٣٣٧-١٥٠٠

الإمارات العربية المتحدة

آخر أجل لتقديم الطلبات نهاية دوام يوم الأربعاء ٢٠١١/٥/٢٧

٢-الرسالة

المنامة في ٢٠١١/٥/٢٠

سيدي مدير شؤون الموظفين المحترم،

تحية طيبة و بعد،
يشرّفني أن أتقدّم بطلب ترشّحي لوظيفة مدير مكتبكم بدبي المعلنة بتاريخ ٢٠١١/٣/٢٠ و أرجو أن يحظى بالقبول **لدى** شركتكم الموقرة و أن تجدوا في مؤهلاتي العلمية و خبرتي و مهاراتي ما يوضّح قدرتي على القيام بمهام هذا المنصب **على أحسن وجه**.

أنا حامل شهادة البكلويوس في الإقتصاد الدولي ٢٠٠١ و المجستير في إدارة الأعمال MBA ٢٠٠٣ و قد حصلت عليهما من الجامعة الأمريكية في بيروت و قد كتبت رسالة المجستير في موضوع القروض الصغرى و دورها في التنمية في بلدان العالم الثالث و نجحت بامتياز. بالإضافة إلى شهاداتي العلمية فلقد تسنّى لي حضور ندوات تدريبية عديدة في لبنان و قطر و تونس و سنغافورة و إيطاليا و غيرها تناولت مواضيع عديدة منها تحديث القطاع المالي و خدمات البنوك و البرمجة على الكمبيوتر.

لديّ خبرة تمتدّ ثمانيَ سنوات بدأت بتعييني محاسباً ثمّ مراقباً بقسم الضرائب في وزارة المالية اللبنانية انتقلت بعدها إلى القطاع الخاص حيث عُيّنت مساعد مدير فرع بنك دولي في الدوحة ثم مدير فرع لنفس البنك في الكويت ثمّ في البحرين. و قد ضمّت مهامي في هذه الفروع الإشراف على إدارة كل جوانب المعاملات اليومية و على كل الموظفين بالمكتب. بالإضافة إلى ذلك أُخترت عضواً في لجنة الإستثمارات بمنطقة مجلس التعاون الخليجي كما نمّت هذه التجارب في مدن و بلدان مختلفة قدرتي على التكيف مع أي محيط جديد.

للمزيد من المعلومات عن مؤهلاتي و خبرتي **الرجاء** الإطلاع على سيرتي المهنية و الوثائق المرفقة.

أرجو أن ينال طلبي قبولكم.

تقبلوا مني فائق الإحترام و التقدير
فلان الفلاني[2]
(التوقيع)[3]

تمرين ٥: كتابة و ثقافة (في البيت ثم في الصف)

بناءًا على الإعلان و الرسالة السابقين، أكملوا السيرة المهنية التالية.

٣- السيرة المهنية

الإسم الكامل
العنوان
التلفون و الإيميل

الهدف

البيانات الشخصية[4]

- تاريخ الميلاد:
- الجنس: (ذكر أو أنثى)
- الحالة الإجتماعية: (متزوّج أو أعزب)
- الجنسية:

المؤهلات العلمية

-
-

الدورات التدريبية و المؤتمرات

-
-
-

[2] "John Doe".
[3] Signature.
[4] Typically, résumés in many Arab countries include personal information, such as gender, marital status, nationality, and a personal photograph, that is considered illegal in certain countries, such as the USA.

الخبرة

-
-
-

المهارات

- اللغات:
- الحاسوب:

معلومات إضافية

-
-

المعرّفون

-
-

ج- إثراء المفردات:

تمرين ٦: إثراء مفردات (في البيت ثم في الصف)

ابحثوا عن المفردات التالية في القاموس و قارنوا بين معانيها.

خبرة	تجربة	حنكة	مراس
دراية	معرفة	إلمام	عَلم
مهارة	إجادة	تحكُّم	إتقان
مهنة	وظيفة	منصب	حِرفة
طلب	ترشُّح	عرض	تعيين
دخل	أجر	راتب	إيراد
دورة	مؤتمر	ندوة	ورشة
درجة	مستوى	مرتبة/رُتبة	مكانة
تدرّب	تعلّم	تمرّس	تمرّن

د- الثقافة:

As you have noticed from the sample text above, official letters have specific aspects and formulae that differ from personal correspondence:

a. Titles, such as Dr, Prof., Honorable, etc., are extremely important and need to be mentioned.
b. Respect is expressed by other means such as expressions and formulae that are expanded below.
c. The greeting section is very brief and formulaic. The letter is also concluded with brief formulaic expressions.
d. The letter is signed and the title and full name of the writer are included.
e. Date, place, final greeting, name of the writer, and signature are placed towards the left side of the letter.

هـ- القواعد:

١- مراجعة الأفعال المعتلة (الجزء الثاني): الناقص و اللفيف

We have seen in the previous chapter how to recognize and conjugate two types of الأفعال المعتلة, that is المثال, and الأجوف. In this section, we will cover الناقص and اللفيف. Study the following examples from the main texts:

و أرجو أن يحظى بالقبول لدى شركتكم الموقرة. (رجا - يرجو، حظِيَ - يحظى)

As we have seen, الناقص has four types. Recognizing the first and the last is fairly simple: any verb spelled with a final *alif* will turn into a *waw* in the different forms of المضارع. For example, شكا - يشكو. The last type has a ي in the past that turns into *alif maqsura* ى, such as in رضِيَ - يرضى. The other two types, however, need to be memorized as they both have *alif maqsura* ى in the past that becomes ي, such as in بكى - يبكي, or remains an *alif maqsura*, as in نهى - ينهى. There are fewer of the latter type, so it is logical to memorize the most common of them and work by elimination.

تمرين ٧: قواعد (في البيت ثم في الصف)

رتبوا الأفعال الناقصة التالية حسب أنواعها في الجدول الذي يليها.

شكا خفِيَ بنى علا فنِيَ سقى خطا لقِيَ طغى نسِيَ
نأى جرى أبى تلا مضى عفا كفى خشِيَ أتى نما

ا ← و	ى ← ي	ى ← ى	ي ← ى

تصريف الناقص في الماضي

The following table is a model of conjugation of the four types of الناقص in the past tense.

الضمير	دنا	رمى	سعى	بقيَ
أنا	دَنَوتُ	رَمَيتُ	سَعَيتُ	بَقِيتُ
نحن	دَنَونا	رَمَينا	سَعَينا	بَقِينا
أنتَ	دَنَوتَ	رَمَيتَ	سَعَيتَ	بَقِيتَ
أنتِ	دَنَوتِ	رَمَيتِ	سَعَيتِ	بَقِيتِ
أنتما	دَنَوتُما	رَمَيتُما	سَعَيتُما	بَقِيتُما
أنتم	دَنَوتُم	رَمَيتُم	سَعَيتُم	بَقِيتُم
أنتنّ	دَنَوتُنَّ	رَمَيتُنَّ	سَعَيتُنَّ	بَقِيتُنَّ
هو	دَنَا	رَمَى	سَعَى	بَقِيَ
هي	دَنَت	رَمَت	سَعَت	بَقِيَت
هما	دَنَوا	رَمَيا	سَعَيا	بَقِيا
هما	دَنَتا	رَمَتا	سَعَتا	بَقِيَتا
هم	دَنَوا	رَمَوا	سَعَوا	بَقُوا
هنّ	دَنَونَ	رَمَينَ	سَعَينَ	بَقِينَ

تمرين ٨: قواعد (في البيت)

اختاروا فعلًا من كل أنواع الناقص الأربعة (أُنظروا القائمة تحت تمرين ٦) ثم صرّفوها في الماضي معتمدين على النموذج السابق.

تصريف الناقص في أنواع المضارع الثلاثة

The following tables are models for the conjugation of the four types of الناقص in المضارع.

دنا – يدنو

الضمير	المضارع المرفوع	المضارع المنصوب	المضارع المجزوم
أنا	أدنُو	أدنُوَ	أدنُ
نحن	ندنُو	ندنُوَ	ندنُ
أنتَ	تدنُو	تدنُوَ	تدنُ
أنتِ	تدنينَ	تدني	تدني
أنتما	تدنُوانِ	تدنُوا	تدنُوا
أنتم *[5]	تدنونَ	تدنوا	تدنوا
أنتنّ *	تدنونَ	تدنونَ	تدنونَ
هو	يدنو	يدنُوَ	يدنُ
هي	تدنو	تدنُوَ	تدنُ
هما	يدنُوانِ	يدنُوا	يدنُوا
هما	تدنُوانِ	تدنُوا	تدنُوا
هم *	يدنونَ	يدنوا	يدنوا
هنّ *	يدنونَ	يدنونَ	يدنونَ

[5] Compare the forms marked with an asterisk.

رمى – يرمي

الضمير	المضارع المرفوع	المضارع المنصوب	المضارع المجزوم
أنا	أرمي	أرميَ	أرمِ
نحن	نرمي	نرميَ	نرمِ
أنتَ	ترمي	ترميَ	ترمِ
أنتِ *	ترمينَ	ترمي	ترمي
أنتما	ترميانِ	ترمِيا	ترمِيا
أنتم	ترمونَ	ترموا	ترموا
أنتنّ *	ترمينَ	ترمينَ	ترمينَ
هو	يرمي	يرميَ	يرمِ
هي	ترمي	ترميَ	ترمِ
هما	يرميانِ	يرمِيا	يرمِيا
هما	ترميانِ	ترمِيا	ترمِيا
هم	يرمونَ	يرموا	يرموا
هنّ	يرمينَ	يرمينَ	يرمينَ

سعى – يسعى

المضارع المجزوم	المضارع المنصوب	المضارع المرفوع	الضمير
أسعَ	أسعى	أسعى	أنا
نسعَ	نسعى	نسعى	نحن
تسعَ	تسعى	تسعى	أنتَ
تسعَي	تسعَي	تسعَين	أنتِ *
تسعَيا	تسعَيا	تسعَيانِ	أنتما
تسعَوا	تسعَوا	تسعَونَ	أنتم
تسعَينَ	تسعَينَ	تسعَينَ	أنتنّ *
يسعَ	يسعى	يسعى	هو
تسعَ	تسعى	تسعى	هي
يسعَيا	يسعَيا	يسعَيانِ	هما
تسعَيا	تسعَيا	تسعَيانِ	هما
يسعَوا	يسعَوا	يسعَونَ	هم
يسعَين	يسعَينَ	يسعَينَ	هنّ

بقِيَ – يبقى

الضمير	المضارع المرفوع	المضارع المنصوب	المضارع المجزوم
أنا	أبقى	أبقى	أبقَ
نحن	نبقى	نبقى	نبقَ
أنتَ	تبقى	تبقى	تبقَ
أنتِ *	تبقَينَ	تبقَي	تبقَي
أنتما	تبقَيانِ	تبقَيا	تبقَيا
أنتم	تبقَون	تبقَوا	تبقَوا
أنتنّ *	تبقَين	تبقَينَ	تبقَينَ
هو	يبقى	يبقى	يبقَ
هي	تبقى	تبقى	تبقَ
هما	يبقَيانِ	يبقَيا	يبقَيا
هما	تبقَيانِ	تبقَيا	تبقَيا
هم	يبقَون	يبقَوا	يبقَوا
هنّ	يبقَينَ	يبقَينَ	يبقَينَ

تمرين ٩: قواعد (في البيت ثم في الصف)

صرّفوا الأفعال الواردة بين قوسين منتبهين إلى الفاعل و الزمن.

الزميلة العزيزة الأستاذة فلانة الفلانية المحترمة،

تحية طيبة و بعد

يشرّف لجنة مؤتمر "مستقبل تدريس اللغة العربية لغير الناطقين بها" الذي (نحن + سعى) ـــــــــ من خلاله إلى ترسيخ حضور العربية في الجامعات العالمية أن (دعا) ـــــــــك للمشاركة و (رجا) ـــــــــ أن (لقِيَ) ـــــــــ قبولكم كما (رنا) ـــــــــ إلى مساهمتكم الفعالة في تحقيق أهداف هذا المؤتمر. مع العلم بأنّ المؤتمر سيتكفّل بتكاليف الضيافة و الإقامة على أن يتحمّل الزملاء المشاركون نفقات السفر.

و تفضّلوا بقبول فائق الإحترام و التقدير

رئيس لجنة المؤتمر

د. فلان الفلاني

تصريف اللفيف

The conjugation of اللفيف is based on the conjugation of the other types of weak verbs. اللفيف المقرون, as in نوى – ينوي, is conjugated like the second type of الناقص where the ى becomes ي. As for اللفيف المفروق, as in وقى - يقي, it is treated at once like a مثال واوي and الناقص of the second type.

٢- الأسماء المشتقة من الأفعال المعتلة: اسما الفاعل و المفعول و المصدر

Here is a table with examples of nouns (active and passive participles, and *masdar*) derived from all types of weak verbs.

المصدر	اسم المفعول	اسم الفاعل	المضارع	الماضي
وَعد	موعود	واعد	يَعِد	وَعَد
يَأس	ميؤوس منه	يائس	ييأس	يَئِس
قَول	مقول	قائل	يقول	قال
بَيع	مبيع	بائع	يبيع	باع
نيل	منول[6]	نائل	ينال	نال
دعوة	مدعُوّ	داعٍ	يدعو	دعا
رمي	مرميّ	رامٍ	يرمي	رَمى
رِضًى	مرضيّ	راضٍ	يرضى	رضِيَ
نَهي	منهيّ	ناهٍ	ينهى	نَهى
وفاء	موفيّ[7]	وافٍ	يفي	وَفى
شَيّ	مشويّ	شاوٍ	يشوي	شَوى

٣- الإسم المنقوص

Active participles derived from الناقص and اللفيف, whether singular or plural, behave differently from other regular nouns in two ways: (1) their case endings الإعراب and

[6] Although theoretically possible, this word is not in use.

[7] Also not in use.

(2) they drop or keep their final ى depending on definiteness and النصب case. See the ones highlighted in the table above. Study the following tables:

المُفرد

الجر	النصب	الرفع
والٍ	والياً	والٍ
الوالي	الواليَ	الوالي

الجمع

الجر	النصب	الرفع
قوافٍ	قوافيَ	قوافٍ
القوافي	القوافيَ	القوافي

و – الأسلوب :

ا– عبارات من النصوص :

Please, would you

١- يُرجى، الرجاء + مصدر

مثال من النص: يُرجى إرسال جميع الطلبات مرفقة بصور مطابقة للأصل من الشهادات العلمية و العملية ...

In the best way

٢- على أحسن وجه

مثال من النص: و أن تجدوا في مؤهلاتي العلمية و خبرتي و مهاراتي ما يوضّح قدرتي على القيام بمهام هذا المنصب <u>على أحسن وجه</u>.

To have

٣- لدى + اسم/ضمير متصل: عند

مثال من النص: و أرجو أن يحظى بالقبول <u>لدى</u> شركتكم الموقرة ...

مثال من النص: <u>لديّ</u> خبرة تمتدّ ثمانيَ سنوات بدأت بتعييني محاسباً ثمّ مراقباً بقسم الضرائب في وزارة المالية اللبنانية ...

تمرين ١٠: (ترجمة و كتابة في البيت)

ترجموا الأمثلة المستخرجة من النص ثمّ اكتبوا جملة بكلّ من العبارات الجديدة.

ب- إثراء العبارات و قوالب المراسلات الرسمية:

سيدي/سيدتي	Sir/Madam
الدكتور(ة)، الأستاذ(ة)، المدير(ة)	Dr, Prof., Director
المحترم(ة)	Esteemed
جلالة الملك(ة)	Your Majesty
سموّ الأمير(ة)	Your Highness, Prince-ss
معالي الوزير(ة)	Mr/Madam Secretary/Minister
سعادة السفير(ة)	Mr/Madam Ambassador
فضيلة الشيخ	Esteemed Sheikh
حضرة القاضي(ة)	Your Honor
تحية طيبة و بعد، تحية و احتراماً و بعد	Greetings, regards, and respect
يشرفني أن ...	I am honored to, it is my honor to
يسرّني، يسعدني أن ...	I am happy to
أرجو أن ... ، أتمنّى أن ...	I hope that
تفضّلوا بقبول أزكى عبارات الشكر و الإمتنان	Please accept the most sincere expressions of gratitude
تقبّلوا منّي أخلص عبارات الشكر و الإمتنان	Please accept the most sincere expressions of gratitude
مع أخلص عبارات الشكر و التقدير	With the most sincere expressions of gratitude and consideration
و لكم مني جزيل الشكر و الإمتنان	My infinite gratitude
تفضّلوا بقبول فائق الإحترام و التقدير	Please accept my utmost respect and consideration

ج- الإيميل (الجزء الثاني):

As in informal emails, formal correspondences are becoming more and more common. They equally maintain the main features of a formal correspondence although they tend to be shorter. Titles are used, the greeting part is brief, and the email is concluded with the usual formulaic greetings and expressions of respect.

The following is a formal exchange between language program directors and two teaching assistants. The subject of the correspondence is a job offer, with the usual details such notes entail: responsibilities, dates, and remuneration. The email thread includes three notes: the offer, and the two responses from the teaching assistants. Once again, names and other details have been removed for privacy reasons.

تمرين ١١: قراءة (في البيت ثم في الصف)

تعلموا العبارات التالية قبل القراءة:

Appointment offer	عرض تعيين
On the ground	ميدانياً
In addition to, on top of	علاوة على، بالإضافة إلى
Until	إلى غاية، حتّى
As soon as possible	في أقرب وقت ممكن
Even if	و لو
Brief	وجيز
As soon as	حالما + فعل
Dr	د.
Joining, being part of	انضمام
Is invaluable	لا تُقدّر بثمن
Again, anew	من جديد

From: ...
Subject: عرض تعيين لصيف ٢٠١١
To: ...
Cc: ...
Date: Friday, January 21, 2011, 6:53 PM

زميلتاي العزيزتان ...،

أرجو أن تكونا في أحسن حال.

بعد تجربة الصيف الماضي الناجحة، يسرني أن أدعوكما من جديد للإلتحاق بفريق التدريس كمعيدتين مساعدتين في برنامجنا هذا الصيف الذي سيديره ميدانياً

الأستاذ .... و قد أقنعت إدارة الجامعة برفع أجريكما بقيمة ٥ ٪ لمدة البرنامج علاوة على ما دُفع لكما الصيف الماضي. سيكون من مهامكما المساعدة في تدريس المستويين الثاني و الثالث و تصحيح واجباتهما و تسيير حصص خارج الصف لمساعدة الطلاب في تعلمهم الفصحى و العامية. كما يمتد البرنامج هذه السنة من ٢٦ مايو إلى غاية ٣٠ يوليو مع أسبوع مخصص للإستراحة.

أرجو أن تقبلا هذا العرض و أن تعلماني في أقرب وقت ممكن حتى يتسنى لنا إرسال تعيين رسمي توقعانه ثم ترسلانه إلى مساعِدتي. سأزور عمان بإذن اللّٰه في شهر فبراير المقبل و أتمنى أن نلتقي و لو لوقت وجيز.

ستتصل بكما مساعدتي حالما تتضح التواريخ.

و لكما مني فائق التقدير و الإحترام،
د. ...

From: ...
Subject: Re: عرض تعيين لصيف ٢٠١١
Date: January 22, 2011 9:31:05 AM EST
To: ...

أستاذي د. ...
أتمنى ان تكون في أحسن حال، سأكون سعيدة جداً بانضمامي إلى مجموعتكم هذا الصيف أيضاً.

From: ...
Subject: 2011 برنامج صيف
Date: January 23, 2011 8:14:59 AM EST
To: ...

أستاذي العزيز د. ...

أرجو أن تكون في أحسن حال، و يشرّفني الانضمام إلى فريق البرنامج في هذا الصيف أيضاً، فالعمل معكم فرصة لا تُقدّر بثمن، ويسعدني أن ألتقي بك من جديد، فأرجو أن تبلغني حين تصل إلى عمان.

تمرين ١٢: كتابة (في البيت)

أُكتبوا رسالة إلى أستاذكم أو أستاذتكم عن أي موضوع له علاقة بدراستكم متبعين نماذج الإيميل المُدرجة أعلاه.

ز- الكتابة:

تمرين ١٣: (كتابة جماعية في الصف)

أُكتبوا إعلاناً عن رغبتكم في تدريس اللغة الإنجليزية أو غيرها إلى طلاب عرب في جامعة عربية.

تمرين ١٤: (كتابة في البيت)

أُكتبوا (١) رسالة رسمية (حوالي ٣٠٠ كلمة) إلى مدير برنامج اللغة العربية الصيفي في مركز جامعة كلومبيا للأبحاث في الشرق الأوسط بعمان تعبرون فيه عن رغبتكم في الإلتحاق بالبرنامج و هدفكم من دراسة العربية و مستواكم كما تسألونه عن خصائص البرنامج و مواعيد الدروس و المستويات و غيرها من المعلومات. (٢) سيرتكم المهنية/الذاتية. استعملوا النماذج التي درسناها في هذا الجزء.

استعملوا على الأقل عشر كلمات جديدة و قوالب الرسائل الرسمية و الفعلين الناقص و اللفيف و ضعوا تحت كل من هذه الإستعمالات سطرا.

ح- قراءات إضافية في محور المراسلات الرسمية:

إعلانات الوظائف في الجرائد و المجلات العربية و على الإنترنت.
http://themarketingtoday.blogspot.com/2010/12/resume.html

الوحدة الثالثة الإرشادات و الإعلانات

Unit Three Instructions and advertisements

By the end of this unit, you will be able to:

- Give instructions and advice

- Read and write announcements and advertisements

In order to achieve these objectives, you will learn the following linguistic points:

- The imperative

- The passive voice

- Interjections

You will also explore the following cultural points:

- A line of poetry by the Umayyad-Abbasid poet Bashar Ibn Burd

- Arab food

- Ethical codes of war according to the first Khalifa Abu Bakr

- Polite ways of suggesting or giving advice

LESSON THREE: ADVICE AND INSTRUCTIONS

الدرس الثالث: النصائح و الإرشادات

أَخي أَنتَ النصيحُ فَلا تَلُمني   فَما دوني مِنَ النصحاءِ نابُ

بشار بن برد

ا– تمهيد للقراءة:

<u>تمرين ١</u>: بحث و كتابة (في البيت) و تقديم (في الصف)

ابحثوا عن وصفة أكل ثمّ ترجموها. أحضروا الوصفة و الترجمة إلى الصف.

<u>تمرين ٢</u>: محادثة (في الصف)

أيّ أنواع الأكل تفضلون؟ هل تعرفون بعض الأكلات العربية؟ أيها تفضلون؟
هل تحبون الطبخ؟ ماهي بعض الأطباق التي تطبخونها؟ هل تحبّون الأكل العربي؟
ما هي الأطباق التي تعرفونها؟

<u>تمرين ٣</u>: تحضير مفردات (في البيت)

أُدرسوا المفردات التالية استعداداً لقراءة النص.

To describe, prescribe	وصف – يصِف – وصَف
Recipe-s, prescription-s	وصفة – وصَفات
To form, be part of the make up, create	كوّن – يكوّن – تكوين
Ingredients	المكوّنات
To estimate, evaluate, respect	قدّر – يقدّر – تقدير
Measure, quantity	قدر
Measurements	المقادير
Stuffing	الحشوة
Method-s, way-s, manner-s	طريقة – طُرُق
Method of preparation	طريقة التحضير
Side-s, aspect-s	جانب – جوانب
Aside	جانباً
According to	حسبَ
Need-s, necessity-ies	حاجة – حاجيات
As necessary, as needed	حسب الحاجة
Sizes	حجم – أحجام
In the size of	بحجم

Middle, center, between	وسَط
Milieu-s, circle-s	وسَط – أوساط
Intermediary, connections	واسطة
By means of, with (a tool, an instrument)	بواسَطة
As	بمثابة
Appetizers	مُقبّلات
To suit, go well with	لاءم – يلائم – ملاءمة
Suitable for vegetarians	ملائم للأشخاص النباتيين

الأفعال:

To wash	غسل – يغسل – غسل
To filter, strain	صفّى – يصَفّي – تصفية
To absorb	امتصّ – يمتصّ – امتصاص
To add	أضاف – يضيف – إضافة
To knead	دعك – يدعَك – دعك
To put, place	وضع – يضَع – وضع
To pinch, flatten into a disk shape	قرص – يقرُص – قرص
To transform, change	حوّل – يحوّل – تحويل
To warm up, heat up	حمّى – يحمّي – تحمية
To fry	قلى – يقلِي – قلي
To lift	رفع – يرفَع – رفع
To cut	قطع – يقطَع – قطع
To stuff	حشا – يحشو – حشو
To align, put in rows, pack	رصف – يرصُف – رصف
To sprinkle	رشّ – يرُشّ – رشّ
To leave	ترك – يترُك – ترك
To squeeze	عصر – يعصُر – عصر
To mix	خلط – يخلِط – خلط
To serve food	قدّم – يقدّم – تقديم

ب- القراءة:

<u>تمرين ٤</u>: فهم (في البيت)

إقرأوا النص ثم أجيبوا على الأسئلة التالية استعداداً لمناقشتها في الصف:

١- ترجموا الوصفة.

٢- ما رأيكم فيها؟ هل تبدو سهلة الإنجاز بالنسبة لكم؟ هل تبدو صحيّة؟

كبّة بالباذنجان والجوز

المقادير

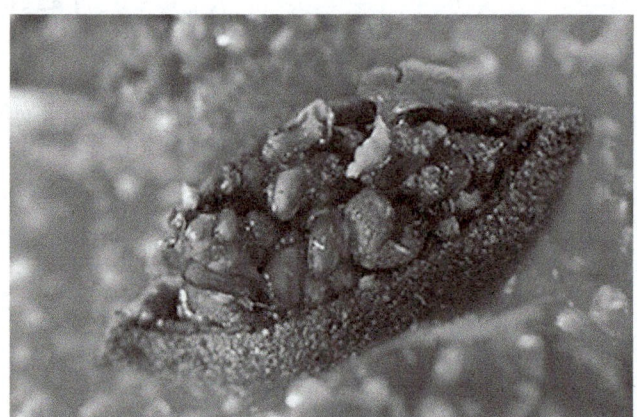

٣ أكواب من البرغل الأبيض الناعم
ملعقة أو ملعقتان صغيرتان من الملح
ملعقة طعام من معجون الفلفل
ربع كوب من الدقيق (الطحين)
بصلة متوسطة مقطعة إلى أربعة أقسام
ماء لدعك الكبة
زيت لقلي الكبة.

الحشوة

رأس باذنجان (مدعبل) متوسط الحجم،
مقشر ومقطع إلى مكعبات صغيرة
نصف كوب من الجوز المفروم
كوب من بذور الرمان الحامضة
فص ثوم مهروس
ربع كوب من دبس الرمان
ملح حسب الحاجة
نصف باقة من البقدونس المفروم

طريقة التحضير

يُغسل البرغلُ بالماء الساخن ويُصفّى، ثم يُنقع في كوب من الماء الساخن حتى يمتصّ البرغل كل الماء.

يضاف الملح ومعجون الفلفل والبصل والدقيق إلى البرغل، ويدعك الكل جيداً للحصول على كبة دبقة ثم يوضع البصل <u>جانباً</u> لرميه. يمكنك إضافة المزيد من الماء <u>حسب</u> <u>الحاجة</u>.

تقرص الكبة إلى كرات صغيرة <u>بحجم</u> حبات المندرين ثم تحوّل هذه الكرات إلى شكل بيضوي (اطرافه مروسة).

يحمّى الزيت وتقلى فيه أقراص الكبة الفارغة حتى تصبح ذهبية اللون.

ترفع أقراص الكبة من الزيت بواسطة ملعقة ذات ثقوب وتوضع فوق محارم المطبخ الورقية.

يقطع ربع كل قرص كبة من الأعلى، ويحشى كل قرص بالقليل من الحشوة.

ترصف أقراص الكبة المحشوة فوق مهد من بذور الرمان، وتقدم بمثابة نوع لذيذ من المقبلات (ملائم للأشخاص النباتيين).

تحضير الحشوة

يرشّ الملح فوق مكعبات الباذنجان وتترك جانباً لمدة نصف ساعة، ثم تغسل وتصفّى وتعصر من الماء.

تقلى مكعبات الباذنجان في الزيت الساخن ثم تصفّى.

يخلط الباذنجان مع الجوز، وبذور الرمان، والبقدونس، والثوم، ودبس الرمان للحصول على حشوة الكبة.

ترصف أقراص الكبة المحشوة فوق مهد من بذور الرمان وتقدّم باردة أو ساخنة بمثابة نوع لذيذ من المقبلات.

مجلة "لها"

http://www.lahamag.com/pagesCooking.asp?articleId=11635

ج- إثراء المفردات:

تمرين ٥: إثراء مفردات (في البيت ثم في الصف)

استخرجوا من النص الكلمات التي لها علاقة بالمحاور التالية:

١- الأشكال: _____

٢- المقاييس: _____

تمرين ٦: إثراء مفردات (في الصف)

رتبوا الكلمات التالية في الجدول حسب معانيها:

ملح خروف سمك بقر فلفل أسود قرفة طحين كأس جزر عجل رزّ
رُمّان بصل ثوم سكين لوبيا ملعقة صحن حنطة مصفاة فصوليا برتقال
تفاح برغل شوكة قرع طماطم سماق بامية فُرن بطاطا مبرشة بطيخ
مائدة كوسة موز بقري شعير منديل حمص مقلاة دجاج قمح كوب
عدس طنجرة ثلاجة بقدونس أرضي شوكي كرز لفت رحى فنجان
طبق سلق شمندر شمّام سفرجل زبيب عِنب إجّاص تمر قِدر مِشمِش

توابل	حبوب	خضروات	لحوم و أسماك	فواكه	أدوات و معدّات

الإعلانات

As in other languages, advertisements and announcements use 'vocative' language, that is, they aim at changing the audience's behavior by making them buy a product, join a program, apply for a job, respond to a personal ad., etc. Announcements and advertisements generally share some important features, which they often use: (1) the imperative and the superlative; (2) puns, word play, or catchy phrases that often involve rhyming; and (3) culture specific images, metaphors, or references. However, with the advance of global trade, billboards, mass media, and the internet are full of ads about well known products. For example, the almost universal ad. for Coca Cola: إشرب كوكاكولا.

Below are some of the various types of advertisements and announcements.

Publicity and commercials	الدعاية و الإشهار
Job announcements	الوظائف
For rent	للإيجار
For sale	للبيع
Academic programs and research centers	برامج الجامعات و مراكز البحث
Fellowships and scholarships	المنح
Personal ads	الإعلانات الشخصية
Pen pals, correspondence, clubs, and internet forums	المراسلة و النوادي و المنتديات

تمرين ٧: قراءة (في الصف)

اقرأوا الإعلانات التالية و حاولوا ترجمتها إلى الإنجليزية.

ضاعف و قتك على الإنترنت مع "سوبر نيت".

بطاقة أميركان اكسبريس، لا تترك البيت بدونها.

أُشعُر بالأمان مع بنك الأمان.

للبيع

أرض صالحة للبناء
675 م2 بسعر مناسب
بمنطقة غرب حي النصر بوهران
للمزيد من المعلومات الرجاء الإتصال برقم
41-653-710

للإيجار

شقة فخمة مفروشة
الدوار الثالث، عمّان
٣ غرف نوم، مطبخ مجهّز، حمامان
٧٠٠ دينار أردني

وكالة نور للعقارات
٦-٢٥٧-١٩٠٣
مدرّسة
خريجة أدب فرنسي

مدرّسة خصوصي على استعداد لإعطاء دروس في مادة اللغة الفرنسية
و مواد أخرى
للمهتمين الإتصال على 71-562-004

تمرين ٨: كتابة (في البيت أو في الصف)

أُكتبوا إعلانين: واحد للدعاية و الثاني للإيجار تصفون فيه شقة أو بيتاً تبحثون عنه خلال إقامتكم في بلد عربي للبحث أو العمل.

د- القواعد:

١- الأمر و النهي

ا- الأمر:

الأمر, the imperative, is crucial in giving or receiving instructions. A solid knowledge of المضارع المجزوم is a good intermediary step towards forming the imperative correctly. Here is an example of how to do that:

كَتَبَ ← المجزوم: أنتَ تكتُبْ ← كْتُبْ ← الأمر: أُكتُبْ
ساعَدَ ← المجزوم: أنتَ تُساعِدْ ← ساعِدْ ← الأمر: ساعِدْ

As the examples above show, some verb patterns need the addition of an *alif* and a vowel after removing the prefix تـ from المضارع المجزوم because words cannot start with a *sukun*. The vowel on the alif is determined by the vowel on the middle cardinal of the verb. Here is an example:

ذهَب-يذهَب ← اِذهَب
جلَس-يجلِس ← اِجلِس
خرَج-يخرُج ← أُخرُج

The reason اذهَب takes a *kasra* on the *alif* even though it has a *fatha* on its middle cardinal is that the *fatha* is reserved, so to speak, for the أفعل verb form. Compare the two following verbs:

فعل: خرَج – يخرُج ← أُخرُج Leave, come out, exit!

أفعل: أخرَج – يُخرِج ← أَخرِج Bring out!

The imperative of weak verbs, الأفعال المعتلة, is different because these verbs are irregular. Below is a table with conjugations of all types of weak verbs with all second pronouns.

ب– الأمر من الأفعال المعتلّة:

أنتنّ	أنتم	أنتما	أنتِ	أنتَ	الماضي
عِدن	عِدوا	عِدا	عِدي	عِدْ	وَعَدَ
ايقَنَّ	ايقَنوا	ايقَنا	ايقَني	ايقَنْ	يَقِن
قُلْنَ	قولوا	قولا	قولي	قُلْ	قالَ
بِعْنَ	بيعوا	بيعا	بيعي	بِعْ	باعَ
نَلْنَ	نالوا	نالا	نالي	نَلْ	نالَ
أُدعونَ	أُدعوا	أُدعُوا	ادعي	أُدعُ	دَعا
ارمين	ارموا	ارميا	ارمي	ارمِ	رَمى
ارضَيْنَ	ارضَوْا	ارضَيا	ارضَي	ارضَ	رَضِيَ
انهَيْنَ	انهَوْا	انهَيا	انهَيْ	انهَ	نَهى
عِينَ	عوا	عيا	عي	عِ	وَعى
اشوينَ	اشوُوا	اشويا	اشوي	اشوِ	شَوى

ج- لام الأمر:

لام الأمر is a device which introduces indirect command. Consider these examples:

Let's go to visit Lina.	لنذهب معاً لزيارة لينا.
They are late. So let's call them.	لقد تأخّروا فلنتّصل بهم.

د- النهي:

النهي, the negative imperative, is formed in Arabic by the use of لا followed by المضارع المجزوم. Here is an example:

Do not postpone today's work till tomorrow.	لا تؤجِّل عمل اليوم إلى الغد.

هـ- نون التوكيد:

نون التوكيد is a device used after the imperative and negative imperative to make the command more emphatic. Here are two examples:

Go away! *Get* lost!	أغربنَّ عن وجهي.
Do not be silent in the face of injustice!	لا تسكتنَّ على الظلم.

و- اسم الفعل:

اسم الفعل, interjection, is also very useful in command. These are not considered full verbs, hence their name, and are used only in the imperative. They include تعال، هات، هاك، صه، شتّان، هيهات، أُفّ

Hand me/give me paper and pen.	هات ورقة و قلماً.
And say not "Fie" unto them nor repulse them.	فلاتقَلْ لهما أُفٍّ ولا تنهرهما (سورة الإسراء ١٧/٢٣)

تمرين ٩: كتابة و قواعد و مُحادثة (في الصف)

اختاروا دوراً من الأدوار الثلاثة التالية ثم أُكتبوا نصائح مستعملين بعض الأفعال التالية في الأمر و النهي. نوعوا الضمائر.

ا- طبيب ينصح مريضاً بالزكام:

أفعال: شرب، تناول، نام، ارتاح، قاس to measure ...

أسماء: حبوب pills، حرارة، حُقنة/إبرة shot/injection، سوائل fluids ...

ب- طالب ينصح طالباً ينوي دراسة اللغة العربية:
أفعال: ذاكر، درس، راجع، سأل، شارك ...
أسماء: تمرين، واجب، درس، امتحان، فُصحى، عاميّة ...

ج- والدان يتركان أبناءهما وحدهم في البيت لمدّة يوم أو يومين:
أفعال: رتّب، نظّف، غسل، أطعم، أكل، استخدم ...
أسماء: مطبخ، قطة، غُرف، كمبيوتر، فواكه، ثلاجة refrigerator ...

تمرين ١٠: قراءة و قواعد و ترجمة و ثقافة (في البيت ثم مراجعة في الصف)

استخرجوا من النص التالي الأمر و النهي و نون التوكيد ثمّ ترجموه استعداداً لِمناقشته في الصف.

هـ- الثقافة:

أوصى أبو بكر[1] بعض قوّاده فقال:
"إذا سرت فلا تعنُف على أصحابك في السير و لا تُغضب قومك و شاورهم في الأمر واستعملنّ العدلَ واتّقِ شرَّ الظلم فإنّه ما أفلح قومٌ ظلموا ولا نُصروا على عدوّهم. و إذا نُصرتم على أعدائكم فلا تقتلوا وليداً ولا امرأة و لا طفلاً ولا تقربوا نخلاً و لا تحرقوا زرعاً ولا تقطعوا شجراً ولا تغدروا إذا عاهدتم ولا تنقضوا إذا صالحتم. وستمرّون على قوم في الصوامع[2] رُهبان[3] ترهّبوا للّه فدعوهم وما انفردوا له وارتضَوه لأنفسهم فلا تهدموا صوامعهم ولا تقتلوهم."

عن ابن عبد ربه "العقد الفريد"

ز- المبني للمجهول

المبني للمجهول, the passive voice, is rarely used in Arabic as its name literally means 'that which is attributed to the unknown'. In other words, if the subject, or better yet agent, is known in Arabic, it is better style to use the active voice. The passive is common in recipes. Here is an example from the main text:

يُغسَلُ البرغلُ بالماء الساخن ويُصفّى، ثم يُنقَعُ في كوب من الماء الساخن ...

[1] The first Khalifa to rule after the death of the Prophet Muhammad.
[2] Literally steeples, but he uses it here to mean monasteries.
[3] Monks.

The bulgur wheat is washed and strained then soaked in a cup of hot water …

If the agent is unknown, several verb forms, أوزان الفعل, in Arabic, such as تفعّل تفاعل، انفعل، افعلْ have a 'reflexive' meaning and are stylistically preferred. Here is an example of such use:

The glass broke. انكسر الكأسُ.

There are three important things to remember about the passive in Arabic:

1. Forming the passive depends primarily on the changes in voweling compared to the active. This affects all tenses, which can all be in the passive. The change in voweling depends on verb patterns (see the table below).
2. What was the object in the active sentence becomes the subject in the passive voice and is called نائب الفاعل, literally 'the deputy subject', and takes الرفع as a case ending and the verb agrees with it. Here is an example of an active sentence transformed into the passive:

المعلوم: كَتَبَ الأستاذُ رسالةَ التوصيةِ. ← المجهول: كُتِبَت الرسالةُ.

3. Some verb forms in Arabic cannot be turned into the passive, انفعل، افعلّ, because they are already reflexive. Some other patterns, تفعّل، تفاعل، افتعل، استفعل, cannot always be turned into the passive when they carry a reflexive meaning, that is, when they are intransitive. Notice that all these forms share the تاء, which is a letter that indicates their reflexive aspect. Here are examples of verbs that cannot be turned into the passive:

- تَطَوَّر علمُ الفيزياء كثيراً في القرن الماضي.
- تَقابَلَت الصديقاتُ بعد فترة طويلة.
- اقتَرَبَ موعدُ السفر.
- اِستلقى المريضُ على الفراش.

Here is a table of verb forms in the passive of all tenses. The forms that cannot be used in the passive are not included, and those that sometimes cannot be in the passive are marked with an asterisk (*).

المضارع المجزوم	المضارع المنصوب	المضارع المرفوع	الماضي
يُفعَلْ	يُفعَلَ	يُفعَلُ	فُعِلَ
يُفَعَّلْ	يُفَعَّلَ	يُفَعَّلُ	فُعِّلَ
يُفاعَلْ	يُفاعَلَ	يُفاعَلُ	فوعِلَ
يُفعَلْ	يُفعَلَ	يُفعَلُ	أُفعِلَ
يُتَفَعَّلْ	يُتَفَعَّلَ	يُتَفَعَّلُ	تُفُعِّلَ *
يُتَفاعَلْ	يُتَفاعَلَ	يُتَفاعَلُ	تُفوعِلَ *
يُفتَعَلْ	يُفتَعَلَ	يُفتَعَلُ	أُفتُعِلَ *
يُستَفعَلْ	يُستَفعَلَ	يُستَفعَلُ	أُستُفعِلَ *

تمرين ١١: (قواعد و كتابة في الصف أو في البيت)

ا- استخرجوا كل الأفعال المبنية للمجهول من النص الرئيسي. شكّلوها ثمّ حدّدوا أصلَها (هو في الماضي). سطّروا تحت نائب الفاعل و شكّلوه.

ب- حوّلوا الوصفة إلى الأمر مع أنتَ أو أنتِ أو أنتم أو أنتنّ.

و- الأسلوب:

إثراء العبارات:

To advise	نصح – ينصح – نصح
I advise you to	أنصحك بـ + مصدر/أن + المضارع المنصوب
Advice	نصيحة – نصائح
To command, to recommend, to advise	أوصى – يوصي – وصية
Commandment-s, recommendation-s, advice, will-s	وصية – وصايا
Recommendation-s	توصية – توصيات
To instruct, to guide	أرشد – يرشد – إرشاد
Instructions	إرشادات
Instructions, orders, directions	تعليمات

To suggest	اقترح – يقترح – اقتراح
Suggestion-s	اقتراح – اقتراحات
To guide, to direct	دلّ – يدلّ – دلّ
Guide	دليل
To consult with, to seek counsel	استشار – يستشير – استشارة
To give someone counsel or advice,	أشار – يشير – إشارة على
to advise	شخص بـ + مصدر/اسم/بأن/أن
To order, to command	أمر – يأمر – أمر
Order-s	أمر – أوامر
To prohibit, to command someone	نهى – ينهى – نهي
not to do something	
To forbid, to prohibit	حرّم – يحرّم – تحريم
To prohibit	منع – يمنع – منع
To prohibit, to force an embargo	حظر – يحظر – حظر
To warn	حذّر – يحذّر – تحذير
I suggest, in my opinion	من رأيي أن
I suggest that/to	أقترح أن
It is a must to	يجب أن
You should/ought to	يُجدر بك أن
It is better to/that, it is preferable to/that	يُستحسن أن
It is better to/that	من المستحسن أن
You should/ought to	أولى بك أن
It is necessary to	من اللازم أن
You have to, it is upon you to	عليك بـ + مصدر/اسم

ز– الكتابة:

<u>تمرين ١٢</u>: (قراءة و قواعد و كتابة في البيت)

اُكتبوا وصفة أكل مستعملين المبني للمجهول. استعملوا النص الأساسي كنموذج و استعملوا على الأقل عشرة أفعال مشكّلة تشكيلاً تاما و ضعوا سطراً تحت نائب الفاعل.

تمرين ١٣: (كتابة في البيت)

أُكتبوا إنشاءًا (حوالي ٣٠٠ كلمة) تنصحون صديقاً أو صديقة حول المواضيع التالية. استعملوا على الأقل عشر كلمات جديدة و ست عبارات و الأمر و النهي و ضعوا تَحت كل من هذه الإستعمالات سطراً.

ا– لم أدرس العربية من قبل. هل أدرس الفصحى أم العامية؟
ب– حصلت على البكلوريوس و لا أدري هل ألتحق ببرنامج دكتوراه مباشرة أم أعمل و أسافر لمدة سنة أو سنتين قبل الرجوع إلى الجامعة؟
ج– قضيت عشر سنوات في المهجر و لا أدري هل أبقى أم أعود إلى بلدي حيث أهلى و أصدقائي؟

ح– قراءات إضافية في محور الإرشادات:

الإعلانات و الدعاية في الجرائد و المجلات العربية و على الإنترنت.
وصفات الطعام.
الإرشادات المرفقة للأدوية و الأجهزة و غيرها.

الوحدة الرابعة الوصف و المقارنة

Unit Four Description and comparison

By the end of this unit, you will be able to:

- Describe an object, a place or a person

- Compare objects, places, people, and ideas

In order to achieve these objectives, you will learn the following linguistic points:

- Expressions of description and comparison

- Geometrical forms and colors

- Parts of the human body

- Adjectives and physical and character attributes

- Relative clauses

- The comparative, superlative, and تمييز المقارنة

- الإضافة غير الحقيقية

- Nominal sentences and reversed nominal sentences in description

- Emphatics and diminutives صيغ المبالغة و التصغير

You will also explore the following cultural points:

- A line of poetry from the famous *Marthiyyat al-Andalus* by Abu al-Baqa' al-Randi

- Two lines of poetry by the pre-Islamic poet Imri' Al-Qays

- Authors: Ghassan Kanafani, Mikail Nu'aima, Abdulrahman Munif, Radwa 'Ashur, Tayyib Salah

- Cultural expressions using colors

- The Ninety-Nine Sacred Names of God

LESSON FOUR: DESCRIBING AN OBJECT OR A PLACE

الدرس الرابع: وصف شيء أو مكان

لِكُلِّ شَيءٍ إذا ما تمّ نُقصَانُ   فلا يغرُّ بِطيب العَيشِ إنسانُ

أبو البقاء الرندي

ا- تمهيد للقراءة:

تمرين ١: بحث و كتابة (في البيت) و تقديم (في الصف)

ابحثوا عن سيرة الأديب غسان كنفاني و اكتبوا عنه فقرة للتقديم في الصف.

تمرين ٢: محادثة (في الصف)

كيف تعكس الغرفة أو البيت أو الشقة التي تسكنون فيها شخصيتكم؟

تمرين ٣: تحضير مفردات (في البيت)

أُدرسوا المفردات التالية استعداداً لقراءة النص.

بومة – بوم/أبوام	Owl-s
كمن – يكمُن – كُمون في	To be inherent in
لقطة – لقطات	Scene-s, frame-s in a film or a photograph
اللقطة الموفّقة	The successful capture (of the photograph)
براعة	Skillfulness
الزاوية – الزوايا	Angle-s
اصطاد – يصطاد – اصطياد	To capture, hunt, fish, prey on
جدار – جدران، حائط – حيطان	Wall-s
شابه = أشبه	To resemble
عزل – يعزِل – عُزلة	To isolate
تكدّس – يتكدّس – تكدّس	To pile up, accumulate
كُدس – أكداس	Pile-s
تكوّم – يتكوّم – تكوّم	To pile up, accumulate
كومة – أكوام	Pile-s
أطّر – يؤطّر – تأطير	To frame
انسجم – ينسجم – انسجام	To fit/go well with, be in harmony
غبط – يغبِط – غبط	To congratulate, to feel good about, to envy someone
غبطة	Joy, glee
أَوى – يأوي – أُويّ/إواء	To go to (bed, home), to return to, to find refuge or shelter in

To go to bed	أوى للفراش
Flat, flattened	مُفلطح
Beak-s	منقار – مناقير
To curve, bend	عقف – يعقِف – عقف
Curved, bent	معقوف
Sickle-s	منجل – مناجِل
A wide-bladed sickle	مَنجلاً عريض النصل
To bend, curve, lean	انحنى – ينحني – انحناء
Bend, bow, curve	انحناءة
Monster-s, wild animal-s	وحش – وُحوش
Savage, wild	وحشيّ
To mix, tarnish, blemish	شاب – يشوب – شوب
Mixed with heroic alertness	مشوباً بتحفّز بطولي
To flash	أومض – يومض – إيماض/وميض
Flash-es of light	إيماضة – إيماضات
To stare	حدّق – يحدّق – تحديق
To pierce	اخترق – يخترق – اختراق
To shudder, quiver, tremble	رعش – يرعُش – رِعشة
A sharp creaking	صرير حاد

ب- القراءة:

تمرين ٤: فهم (في البيت) نقاش (في الصف)

إقرأوا النص ثم أجيبوا على الأسئلة التالية استعدادا لمناقشتها في الصف:

١- كيف تعكس الغرفة شخصية الراوي و أحاسيسه؟
٢- كيف تغيّرت رؤيته لصورة البومة و لماذا؟
٣- علماً بأنّ الثقافة العربية تتطيّر من البوم و تعتبر نعيبه نذير شؤم، ما معنى اختيار الكاتب لهذا الطائر دون غيره؟ هل فيه تشاؤم بما ستنتهي إليه هذه القصة؟ كيف تتصوّرون بقيّة هذه القصة؟

البومة في غرفة بعيدة

كل صور عدد كانون الأول من المجلة الهندية "أ..." كانت رائعة، و لكن أروعها **بلا شكّ** صورة ملوّنة لبومة مبتلّة بماء المطر. و تكمن كل روعتها في لحظة اللقطة الموفّقة و في براعة الزاوية. و أهمّ من هذا كله في اصطياد النظرة الحقيقية للبومة المختبئة في ظلمة ليل بلا قمر.

كنت في غرفتي، غرفة عازب بجدران عارية تشابه إحساسه بالوحدة و العزلة. أرضها متّسخة بأوراق لا أحد يدري من أين جاءت، و الكتب تتكدّس فوق طاولة ذات ثلاث قوائم رفيعة، أما القائمة الرابعة فقد استُعملت يداً لمكنسة **ما لبثت أن** ضاعت. و الملابس تتكوّم فوق مسمار طويل حفر عدّة ثقوب بظهر الباب قبل أن يرتكز نهائيا في ثقبه الحالي.

قلت لنفسي و أنا أشدّ بصري إلى صورة البومة الرائعة:
– يجب أن تُعلّق هذه الصورة على **حائط ما** فذلك يُكسب الغرفة بلا شك شيئاً من الحياة و المشاركة.

ألصقت الصورة **بالفعل** على الحائط المقابل للسرير و أطّرتها بورقة بنيّة كي تنسجم مع الحائط **بشكل من الأشكال**، كان العمل الفني، إذن، قد أخذ سبيله إلى الغرفة و كان لا بد أن أغبط نفسي على التقاط هذه الصورة.

عندما آويت لفراشي في منتصف الليل، فاجأتني الصورة، كان ضوء الغرفة خفيفاً **بعض الشيء**، و قد يكون هذا هو السبب الذي من أجله بدت لي الصورة **في غاية البشاعة**. كان رأس البومة **أكبر من المعتاد**، و كان يُشبه شكلا رمزيا لقلب مفلطح بعض الشيء، أما المنقار الأسود فلقد كان معقوفاً بصورة حادة **حتى** ليشبه منجلاً عريض النصل، و العينان كانتا مستديرتين كبيرتين يختفي أعلاهما تحت انحناءة الحاجبين الغاضبين. كان في العينين غضب وحشي و كانت النظرة رغم ذلك تحتوي خوفاً يائسا مشوبا بتحفّز بطولي و تشبه **إلى حدّ بعيد** نظرة إنسان خضع فجأة للحظة ما عليه أن يختار فيها بين أن يموت أو أن يهرب. كان الوجه مخيفاً و بدا أنّ العيون اللمّاعة بإيماضة حيّة كانت تحدّق عبر صمت الغرفة و تخترق برعشتها الحية جمجمتي و تقول بصرير حاد:
– أتتذكر؟ لقد التقينا مرّة قبل الآن.

غسان كنفاني "الآثار الكاملة" (المجلد الثاني). بيروت: مؤسسة الأبحاث العربية ١٩٨٧. (صص ٤٣-٤٤)

ج- إثراء المفردات:

تمرين ٥: إثراء مفردات (في البيت ثم في الصف)

١- قارنوا بين الأفعال التي لها علاقة بمعنى "الرؤية":

نظر، رأى، شاهد، تفرّج، لحظ، لاحظ، رمق، حملق، حدّق، تطلّع، تأمّل، تفرّس في، عاين، أبصر، سهم، لمح.

٢- قارنوا بين الأفعال التي لها علاقة بمعنى "الظهور":

ظهر، بدا، بان، تبيّن، وضُح، اتّضح، تجلّى، برز، انكشف، تراءى لـ...، خُيّل لـ...، لاح

تمرين ٦: إثراء مفردات (في البيت ثم في الصف)

استخرجوا المفردات التي لها علاقة بـ:

ا- الغرفة و أثاثها: ______________________________

ب- أعضاء جسد البومة: ______________________________

ج- الصفات: ______________________________

____

د- القواعد:

١- مراجعة الصفة في شكلي اسمي الفاعل و المفعول

الصفة, adjective, has several forms in Arabic, such as in strictly adjectival forms like فعيل or an adjective that displays ياء النسبة (e.g. حقيقيّة in the text). Adjectives can also take the form of active and passive participles, اسم الفاعل و اسم المفعول. Here are two examples from the main text:

كل صور عدد كانون الأول من المجلة الهندية "أ..." كانت رائعة. (إسم فاعل)
و لكن أروعها بلا شكّ صورة ملوّنة لبومة مبتلّة بماء المطر. (إسم المفعول)

تمرين ٧: قواعد و كتابة (في البيت)

استخرجوا من النص الصفات التي جاءت في صيغة اسم فاعل أو اسم مفعول، حدّدوا شكلها و معانيها ثم اكتبوا جملًا بخمس منها.

٢- صيغ المبالغة و التصغير

صيغ المبالغة (emphatics, literally 'forms of exaggeration') and التصغير (diminutives) are very useful in description. صيغة المبالغة, as its name denotes, is used to emphasize a quality by transforming the pattern of an adjective صفة or active participle إسم فاعل. For example, the word كاذب means a 'liar' and كذّاب means a 'big liar' by emphasizing the quality of 'lying'. Study the example from the text:

و بدا أنّ العيون اللمّاعة بإيماضة حيّة كانت تحدّق عبر صمت الغرفة.

صيغة المبالغة can be in five patterns:

ا- **فعّال**: جبّار، قهّار، خبّاز
ب- **فعول**: شكور، غفور، ولود
ج- **مفعال**: مقدام، معطاء، مدرار
د- **فَعيل**: رحيم، كريم، سميع
هـ- **فعِل**: فطِن، جشِع، هرِم

Many of the 99 Sacred Names of God, أسماء الله الحُسنى, are emphatic patterns صيغ مبالغة to emphasize awe, veneration, and power. Some examples are cited above:

الجبّار، القهّار، الشكور، الغفور، الرحيم، السميع.

Many proper names take these patterns as well (فوّاز، وضّاح، عمّار) or combine عبد with one of the Sacred Names of God (عبد الوهّاب، عبد الرحيم، عبد السميع).

صيغة المبالغة on the pattern فعّال is common in names of professions, such as خبّاز 'baker' and حدّاد 'blacksmith'. Some of the most common family names in the Arab world carry trade names, such as نجّار 'carpenter' and نزّال 'hotel keeper', etc.

صيغة التصغير does the opposite of صيغة المبالغة by minimizing the quality of a noun. For example, the word شجرة means a 'tree' and شُجيرة means a 'small tree' or 'bush'. صيغة التصغير comes in three patterns:

ا- **فُعيل**: كُليب، جُبيل، نُهير
ب- **فُعيعل**: كُويكب، جُديول، خُنيجر
ج- **فُعيعيل**: عُصيفير، منيَديل، قُنيديل

بعد and قبل take the form of بُعيَد to mean 'just after' and قُبيَل 'just before'.

تمرين ٨: قواعد و بحث (في البيت ثم مراجعة و إثراء في الصف)

ا- اِبحثوا عن أسماء اللّه الحُسنى (God's 99 Sacred Names) و اكتبوا منها ما جاء على صيغة مبالغة ثمّ ترجموها إلى الإنجليزية.
ب- اِبحثوا عن أسماء المِهن (professions) على وزن فعّال/فعّالة و ترجموها إلى الإنجليزية.

٣- ذو / ذات

ذو and ذات are a good alternative to adjectives, and literally mean 'the one who has a certain quality, object or aspect'. So, for example, instead of using the adjective ذكيّة, we can use ذات ذكاء by combining ذو or ذات with the noun or *masdar* denoting the possession of a quality, an object or an aspect. Study the following example from the text:

و الكتب تتكدّس فوق طاولة ذاتِ ثلاث قوائم رفيعة.

Study the variations of ذو and ذات below:

الجرّ	النصب	الرفع	
ذي ذاتِ	ذا ذاتَ	ذو ذاتُ	المفرد
ذوَي ذاتَي	ذوَي ذاتَي	ذوا ذاتا	المثنى
ذوي ذواتِ	ذوي ذواتِ	ذوو ذواتُ	الجمع

٤- جملتا الصفة و الوصل

جملتا الصفة و الوصل, relative clauses, are useful in writing complex sentences where they add information about the antecedent, the word or phrase they qualify. If this antecedent is indefinite, then we use جملة الصفة, and when definite, we use جملة الوصل starting with إسم الموصول, such as الذي، التي، الذين. Study the following examples from the text:

أرضها متّسخة بأوراق لا أحد يدري من أين جاءت. (جملة الصفة)
و قد يكون هذا هو السبب الذي من أجله بدت لي الصورة في غاية البشاعة. (جملة الوصل)

تمرين ٩: قواعد و كتابة (في البيت)

اِستخرجوا جمل الصفة من نص "البومة في غرفة بعيدة" ثم ترجموها.

هـ- الأسلوب:

عبارات من النص:

١- بلا شكّ (بدون شكّ، من غير شكّ) — **Undoubtedly, without a doubt**

مثال من النص: ... كانت رائعة، و لكن أروعها **بلا شكّ** صورة ملوّنة لبومة مبتلّة بماء المطر.

٢- ما لبث أن — **It was not long before**

مثال من النص: أما القائمة الرابعة فقد استُعملت يدا لمكنسة **ما لبثت أن** ضاعت.

٣- إسم + ما — **Some + noun**

مثال من النص: يجب أن تُعلّق هذه الصورة على **حائط ما**...
مثال من النص: ... خضع فجأة **للحظة ما** عليه أن يختار فيها بين أن يموت أو أن يهرب.

٤- غاية + اسم معرّف — **Extremely, very**

مثال من النص: بدت لي الصورة في **غاية البشاعة**.

٥- بالفعل (فعلاً) — **Indeed, truly, actually**

مثال من النص: ألصقت الصورة **بالفعل** على الحائط المقابل للسرير.

٦- بشكل من الأشكال (بصورة من الصور، بطريقة من الطرق، بشكل ما، بصورة ما، بطريقة ما)

مثال من النص: و أطّرتها بورقة بنيّة كي تنسجم مع الحائط **بشكل من الأشكال**.

٧- بعض الشيء — **Somewhat**

مثال من النص: كان ضوء الغرفة خفيفاً **بعض الشيء**.

٨- أفعل من المعتاد More/... er than usual

مثال من النص: كان رأس البومة <u>أكبر من المعتاد</u>.

٩- حتى لـَ + فعل So much so that

مثال من النص: أما المنقار الأسود فلقد كان معقوفا بصورة حادة <u>حتى</u> ليشبه منجلا عريض النصل.

١٠- إلى حد بعيد (إلى مدى بعيد، إلى أيّ حدّ؟ To a great extent
إلى أيّ مدى؟)

مثال من النص: و تشبه <u>إلى حدّ بعيد</u> نظرة إنسان خضع فجأة للحظة ما عليه أن يختار فيها بين أن يموت أو أن يهرب.

<u>تمرين ١٠</u>: ترجمة و كتابة (في البيت)

ترجموا الأمثلة المستخرجة من النص ثمّ اكتبوا جملة بكلّ من العبارات الجديدة.

إثراء المفردات و العبارات:

١- الصفات

عالٍ = high	واطئ/مُنخفض = low
طويل = long	قصير = short
عريض = wide	ضيّق = narrow
واسع، فسيح = spacious	
وسخ، قذِر = dirty, filthy	نظيف = clean
مرتّب = tidy	مبعثر = scattered فوضوي = chaotic
جميل = beautiful	قبيح = ugly
رفيع = thin	غليظ = thick
لامع = shiny, sparkling	باهت = dull
حادّ = sharp	
ناعم = soft, smooth	خشن = rough, coarse
صلب = solid	ليّن = flexible
غالٍ = expensive	رخيص = cheap
ثقيل = heavy	خفيف = light
متين = durable	هشّ = fragile, brittle
صاخب = noisy	هادئ، ساكن = calm, quiet

٢- الأشكال الهندسية

دائرة = circle مستدير، مدوّر = circular, round

مربّع = square

مثلّث = triangle, triangular

مستطيل = rectangle, rectangular

مسطّح = flat

مستقيم = straight

معوّج = bent, crooked

مقوّس = arched

٣- الألوان:

الألوان (colors) are of two kinds: الأساسية, primary colors on the pattern of أفعل and فعلاء and both are diptote ممنوع من الصرف/التنوين, and المشتقة, derived colors made of adjectives with ياء النسبة. Study the following list of the most important colors:

ا- الألوان الأساسية:

المذكر (المفرد و الجمع)	المؤنث (المفرد و الجمع)	الترجمة
أسود – سود	سوداء – سوداوات	Black
أبيض – بيض	بيضاء – بيضاوات	White
أحمر – حُمر	حمراء – حمراوات	Red
أصفر – صُفر	صفراء – صفراوات	Yellow
أزرق – زُرق	زرقاء – زرقاوات	Blue
أخضر – خُضر	خضراء – خضراوات	Green

يُستعمل اثنان من هذه الألوان لوصف الأشخاص:

أسمر – سُمر	سمراء – سمراوات	Dark complexioned
أشقر – شُقر	شقراء – شقراوات	Blond

تقترن بعض الألوان بصفات تؤكد على صفاء اللون:

أبيض ناصع

أسود قاتم

أحمر قانٍ

أصفر فاقع

ب – أهمّ الألوان المشتقة:

Orange	بُرتقالي
Gray	رمادي
Brown	بُنّي
Pink	زهري
Purple	بنفسجي
Dark blue	كُحلي

تُضاف بعض الصفات لتحديد اللون:

Light	فاتح
Dark	غامق/داكن/قاتم

و– الثّقافة

Colors and expressions using them have specific cultural meanings. Study the following examples:

His face is pale, he is sick = وجهه أصفر

A smirk, fake smile = إبتسامة صفراء

He is forgiving, kind = قلبه أبيض

He is unforgiving, holds a grudge = قلبه أسود

Dirty old man = نفسه خضراء

He is greedy = عينه حمراء

A hard day = يوم أسود

تمرين ١١: كتابة جماعية (في الصف)

اختاروا صورة لشيء أو مكان ثم اكتبوا وصفاً لها تستعملون فيه الصفات و الألوان التي تعلمناها.

ز- الكتابة:

تمرين ١٢: قراءة و قواعد و كتابة (في البيت)

إقرأوا النص التالي (مقتطف من "مدن الملح: التيه" بقلم عبد الرحمان منيف) ثمّ ترجموه.

إنّه وادي العيون ...
فجأة، وسط الصحراء القاسية العنيدة، تنبثق هذه البقعة الخضراء، و كأنّها انفجرت من باطن الأرض أو سقطت من السماء، فهي تختلف عن كل ما حولها، أو بالأحرى ليس بينها و بين ما حولها أيّة صلة، حتى ليحار الإنسان و ينبهر، فيندفع إلى التساؤل ثم العجب كيف انفجرت المياه و الخضرة في مكان مثل هذا؟" لكن هذا العجب يزول تدريجيا ليحلّ مكانه نوع من الإكبار الغامض ثم التأمّل. إنّها حالة من الحالات القليلة التي تَعبّر فيها الطبيعة عن عبقريتها و جموحها، و تبقى هكذا عصيّة على كلّ تفسير.

تمرين ١٣: قراءة و ترجمة و تحليل أسلوب (في الصفّ)

- حلّلوا أسلوب الفقرة بالأجابة على الأسئلة التالية:

- كيف استعمل الكاتب الجمل الإسمية و الفعلية في الوصف؟
- لماذا استعمل الكاتب جملة إسمية تبدأ بـ "إنّ" في بداية النص؟ لماذا استعمل كلمة "فجأةً"؟
- ما رأيكم في العلاقات المعنوية بين الصحراء و البقعة و باطن الأرض و السماء من ناحية و تنبثق و انفجرت و سقطت من ناحية أخرى؟
- لاحظوا التركيز على أحاسيس الإنسان الذي يرى وادي العيون. ترجموا الكلمات التالية منتبهين إلى التدرّج فيها: يحار ... ينبهر ... التساؤل ... العجب ... الإكبار ... التأمّل.

تمرين ١٤: كتابة (في البيت)

أُكتبوا إنشاء (حوالي ٤٠٠ كلمة) تصفون فيه مكاناً (غرفة، بيتاً، جامعة، مدينة) أو شيئاً.

استعملوا على الأقل عشر كلمات جديدة و خمس عبارات و صفات في شكلي اسم الفاعل و اسم المفعول، جملتي صفة و جملتي وصل. ضعوا تحت كل من هذه الإستعمالات سطراً.

ح- قراءات إضافية في محور وصف الأماكن:

عبد الرحمن منيف "مدن الملح: التيه".
أنيس منصور "حول العالم في ٢٠٠ يوم".
محمد الصفار "الرحلة التطوانية إلى الديار الفرنسية".
محمد الورداني "الرحلة الأندلسيّة".

LESSON FIVE: DESCRIBING A PERSON

الدرس الخامس: وصف شخص

حَجَازِيَّةُ العَيَنَينِ مَكِّيَّةُ الحَشَا   عِرَاقِيَّةُ الأَطرَافِ رُومِيَّةُ الكَفَلْ
تِهَامِيَّةُ الأَبدَانِ عَبسِيَّةُ اللَّمَى   خُزَاعِيَّةُ الأَسنَانِ دُرِّيَّةُ القُبَلِ

أبيات تُنسب لامرئ القيس

ا- تمهيد للقراءة:

تمرين ١: بحث و كتابة (في البيت) و تقديم (في الصف)

ابحثوا عن سيرة الأديب ميخائيل نعيمة و اكتبوا عنه فقرة للتقديم في الصف.

تمرين ٢: محادثة (في الصف)

ا- هل تعتقدون أنّ علاقات الصداقة و الحب تنجح أكثر بسبب الإختلاف في الشخصيات أم التشابه بينها؟
ب- ما هي الصفات الجسدية و الخصال الشخصية التي تبحثون عنها في صديق/ صديقة أو حبيب/حبيبة؟

تمرين ٣: تحضير مفردات (في البيت)

أُدرسوا المفردات التالية استعدادا لقراءة النص.

Infertile, barren	عاقر
Awe-inspiring aura, majesty, dignity	جلال، هيبة
Neighboring area	جوار
Next to	بجوار
Complexion, skin	بشرة
To become clear, apparent	تجلّى - يتجلّى - تجلٍّ
To rely/depend on	اعتمد - يعتمد - اعتماد على
Self-reliance	الإعتماد على النفس
To trust, have confidence in	وثق - يثِق - ثِقة/وُثوق في
Self-ves, being-s	ذات - ذوات
Self-confidence	ثقة بالذات
To be proud of, brag/boast about	فخر - يفخر - فخر بـ ...
Pride	فخر
To succeed	أفلح - يُفلِح - إفلاح، نجح
To revolt, rise up	ثار - يثور - ثوران/ثورة
Fortune-s	ثروة - ثروات
To educate, cultivate	ثقّف - يثقّف - تثقيف

Educating himself	تثقيف ذاته
To comply, abide by	لبّى – يلبّي – تلبية
Step-s, pace-s	خُطوة – خُطى
To go/be beyond	تخطّى – يتخطّى – تخطٍّ
To strive, exert effort, be diligent	اجتهد – يجتهد – اجتهاد
Good manners (well-mannered)	دماثة الأخلاق (دمِث الأخلاق)
To gamble	يلعب بالقمار
To curse, take in vain	سبّ – يسُبّ – سبّ
Grandmother	ستّي[1]، جدّتي
Adult-s	كهل – كُهول
Greet, salute	حيّا – يُحيّي – تحيّة
To initiate	بادر – يبادِر – مبادرة
To enchant, charm, cast a spell on	سحر – يسحَر – سِحر
Charming, enchanting, bewitching	ساحر
To have qualities, to be adorned with	تحلّى – يتحلّى – تحلٍّ بـ
Angel-s	ملاك – ملائكة
God provides/bestows	رزق – يرزُق – رِزق
Assets, livelihood, God's providence	رزق – أرزاق
Heir-s	وريث – ورثاء
Wedding	زفاف

ب– القراءة:

تمرين ٤: فهم (في البيت)

إقرأوا النص ثم أجيبوا على الأسئلة التالية استعداداً لمناقشتها في الصف:

١– هل تعتقدون أنّ عزيز الكرباج و جميلة البشتاوي متناسبين؟ كيف؟

٢– لماذا اختار الكاتب "العاقر" كعنوان لهذه القصة في رأيكم؟ هل يمكنكم تصوّر نهاية هذه القصة بناءً على هذا العنوان؟

[1] In spoken dialects of the Levant.

العاقر

لا شكّ في أنّ منظر العروسين كان ممّا زاد المشهد هيبة و جلالا. فعزيز الكرباج، وحيد أبيه وأمّه، كان أجمل شاب في كلّ البلدة و جوارها، بل في كل لبنان إذا صدّقنا ما قاله عنه الكثيرون إنّ "الله خلقه و رفع يده": طويل القامة، ممتلئ الجسم، أبيض البشرة، مستدير الوجه، يسقي بياضه دم الشباب. في عينيه تضحك الحياة و في شاربيه الصغيرين تتجلّى قوّة الإعتماد على النفس و الثقة بالذات و الفخر بما فعله و ما سيفعله بعدُ في هذا العالم. هجر والديه لما كان له من العمر ثماني عشرة سنة. جاء أمريكا فأفلح في التجارة و جمع من الثروة نحو ٥،٠٠٠ دولار في مدة قصيرة. و وجد في أثناء ذلك وقتا ليصرفه على تثقيف ذاته. فدرس و تعلّم و حصّل ما لا يحصّله ألوف من المهاجرين اللبنانيين و السوريين في عشرات من السنين. ثم لبّى دعوة والديه فعاد إلى لبنان و بنى داراً فخمة – أحسن دار في كلّ البلدة – و فتح تجارة جديدة. كل ذلك و هو لم يتخطّ الخامسة و العشرين من سنيه. و كان أهل البلدة يتحدثون باجتهاده و عقله و لينه و دماثة أخلاقه فهو لا يشتم و لا يلعن و لا يسبّ الدين، لا يسكر، لا يلعب بالقمار و لا يدخّن. يدعو كل شيخ في البلدة "جدّي" و كل عجوز "ستّي" و كل كهل "عمّي" أو "خالي" و كل كهلة "عمّتي" أو "خالتي" و كل شاب "أخي" و كل فتاة "أختي". يحيّي الطفل و يحيّي الشيخ قبل أن يبادراه بالتحيّة، و يرفع قبّعته عن رأسه باعتبار و إجلال عندما يحيّي النساء ...

أما جميلة البشتاوي، فعدا جمالها الساحر، كانت تتحلّى بصفات قلّما اجتمعت بفتاة في كل ذلك الجوار أو سواه. إذا دار عنها الحديث في أيّ مجلس كان – سواء مجلس نساء أم رجال، أو مجلس رجال و نساء معاً – فأوّل ما تتناوله الألسن حسنها الرائع، ثم ينتقل المتحدّثون إلى طباعها و علمها و ثروتها. يقول واحد إنّها ملاك – الأرض لا تشعر بها فيزيد الآخر أنّها "عالمة" و يعني أنّها أنهت مدرسة داخلية للبنات "و أخذت الشهادة". و يتابع الثالث فيقول إنّها وحيدة و إنّ أباها ترك لها بعد وفاته أرزاقاً واسعة و "صندوقاً" من المال. و يضيف الرابع أنّها سترث أرزاق عمّها لأنّها وريثته الوحيدة. لذلك فلا عجب إذا ظلّ زفافها إلى عزيز الكرباج موضوع جلسات الرجال و النساء في البلدة مدّة أسبوع على الأقلّ.

ميخائيل نعيمة. "كان ما كان". بيروت: نوفل ٢٠٠٦. (صص ٥٦–٥٨)

ج- إثراء المفردات:

تمرين ٥: إثراء مفردات (في البيت ثم في الصف)

ابحثوا عن ترجمة الكلمات التالية في القاموس و قارنوا بين معانيها.

منظر مشهد مظهر صورة هيئة شكل لقطة
جسم جسد بدن جُثّة جُثمان
هيبة جلال وقار احترام تقدير اعتبار إعجاب
فخر كبرياء نخوة غرور عِزّة كرامة أنفة
صفات سمات ملامح ميزات مَظاهر
طباع مزاِج أخلاق شخصية مبادئ تصرُّفات ميول
خصال شِيَم عيوب ميزات نقائص محاسِن مساوئ

تمرين ٦: إثراء مفردات (في البيت ثم في الصف)

ا- استخرجوا من النص المفردات التي لها علاقة بـ:

١- الجسم: ______________________________

٢- الشخصية: ______________________________

ب- استخرجوا من النص مرادفات للكلمات التالية:

جمال: ____________

تظهر بوضوح: ____________

غِني: ____________

نجح: ____________

حوالي: ____________

نفسه: ____________

شتم : ____________ ____________

غيره: ____________

ممتلكات: ____________

أكمل: ____________

عُرس: ____________

د- القواعد:

١- الجملة الإسميّة: المبتدأ و الخبر و الخبر المقدّم

Using الجملة الإسمية or الجملة الفعلية in description depends on whether we choose to have a dynamic or static view of what we are describing. A dynamic description is like a camera moving around a space or object, whereas a static one is closest to a painting or a wide, static camera shot. Compare the effect in the following examples:

- **الجملة الإسمية**: جزيرة منهاتن غابة إسمنت ببناياتها الشامخة عروقها في الأرض و رؤوسها في السحاب.
- **الجملة الفعلية**: تنبثق جزيرة منهاتن و كأنّها غابة إسمنت ترتفع من الماء فتتعالى بناياتها حتى تكاد تعانق السحاب.

However, الجملة الإسمية remains the most common choice for description. Study the following examples from the main text:

- فعزيز الكرباج، وحيد أبيه وأمّه.
- أما جميلة البشتاوي، فعدا جمالها الساحر، كانت تتحلّى بصفات قلّما اجتمعت بفتاة في كل ذلك الجوار أو سواه.

Nominal sentences are particularly useful in locating things and features in space when the predicate is fronted, الخبر المقدّم. This occurs when two conditions are fulfilled: (1) the subject المبتدأ is indefinite نكرة and; (2) the predicate is a prepositional phrase جار و مجرور. Study the following examples:

في عينيها بريقٌ يوحي بذكاء حادّ و في نظرتها فخرٌ و في صوتها رنةٌ عذبةٌ تجعل المستمع يشعر بالطمأنينة.

٢- الإضافة غير الحقيقية

الإضافة غير الحقيقية, pseudo *idafa*, is possibly one of the most common ways of describing a person, place or object. It is very similar to the way English combines certain adjectives with nouns, such in *blue-eyed* أزرق العينين, *quick-witted* سريع البديهة. It is considered not a 'true' *idafa* because its first element, المضاف, is an adjective, instead of a noun. This means that the adjective can vary in definiteness, gender, and number. Thus, we can have:

- هذا طالب سريع البديهة.
- هذا الطالب السريع البديهة يجيب على كل الأسئلة قبل زملائه.

- هذان طالبان سريعا البديهة.
- هؤلاء طلاب سريعو البديهة.
- هؤلاء الطالبات السريعات البديهة يجبن على كلّ الأسئلة قبل زملائهنّ.

Note: سقوط النون في الإضافة. The ن drops in the idafa when المضاف is dual مثنّى or sound masculine plural جمع مذكر سالم. The third and fourth examples above illustrate this rule.

Study the following example of الإضافة غير الحقيقية from the main text:

طويل القامة

تمرين ٧: قواعد و كتابة (في الصف أو في البيت)

استخرجواالإضافات غير الحقيقية من النص الأساسي و ترجموها.

المضاف	المضاف إليه و المعنى
كبير	greedy البطن, big-hearted القلب, old السنّ/العمر
صغير	unwise العقل, young السنّ/العمر
طويل	insolent اللسان, enduring النّفَس, long-haired الشعر, tall القامة
قصير	short-sighted النظر, short-haired الشعر, short القامة
كثير	rich المال, active الحركة, long-winded, verbose, talkative الكلام
قليل	distrustful الثقة, impatient الصبر, poor المال, of a few words الكلام
بعيد	long term المدى, far-sighted النظر
قريب	short term المدى
واسع	knowledgeable العلم/المعرفة, forbearing الصدر, famous الشهرة, generous اليد
ضيّق	has limited knowledge العلم/المعرفة, impatient الصدر, stingy اليد
حسن	well-mannered الأخلاق, good-intentioned النية, well-spoken الكلام, well put together المظهر
قبيح	shabby المظهر, ugly الوجه

طيّب	القلب good-hearted ,النيّة good-intentioned ,النفس kind
سيّء	,الأخلاق ill-mannered ,الفهم prone to misunderstanding النيّة ill-intentioned
سهل	المراس easy-going ,المعاشرة easy to live with ,المنال within reach
صعب	,المعاشرة hard to live with ,المنال out of reach المراس hard to deal with, uptight

هـ- الثقافة

تمرين ٨: قواعد و قراءة (في الصف)

اقرأوا الإعلانات الشخصية التالية ثم استخرجوا الإضافات غير الحقيقية قرروا إذا كان بعض الأشخاص متناسبين.

- م. ع. سورية، ٢٩ سنة، متوسطة الطول، جميلة المظهر، حاملة بكلوريوس آداب تهوى الموسيقى و السفر تبحث عن شاب عربي لا يزيد عمره عن ٤٠ سنة حسن الأخلاق ميسور الحال يرغب في الزواج و يقدّر الحياة الزوجية و يُفضّل أن يكون مقيماً بالخارج.

- ل. س. مغربي مقيم بمدينة الرباط، ٤٢ سنة، مُطلّق، طويل القامة، أسمر البشرة، متعلّم، موظّف ببنك دولي يرغب في التعرّف على فتاة مغربية أو جزائرية لا يفوق عمرها ٣٠ عاماً، جميلة الوجه، خفيفة الدم، لها وظيفة، ترغب في الزواج و الإستقرار.

- ر. ب. شاب عربي، ٣١ سنة، مقيم بهولندا، خرّيج جامعة، وسيم، طموح يبحث عن شريكة حياة مسلمة، لائقة المظهر، عالية الأخلاق تقبل أن تكون ربّة بيت متفرّغة لرعاية الأطفال.

- غ. ن. مصريّة، ٣٣ سنة، متوسّطة الجمال، مثقّفة، أنيقة، تحبّ السينما و الطبخ و المطالعة تبحث عن زوج يتراوح عمره بين ٣٥-٤٥ سنة، وسيم، حسن الأخلاق، محترم الدخل، مقيم بالقاهرة أو الإسكندرية.

<u>تمرين ٩</u>: قواعد و كتابة (في البيت) ثم مراجعة (في الصف)

ابحثوا عن إعلان شخصي personal ad بالعربية و استخرجوا منه الصفات و الإضافات غير الحقيقية ثم اكتبوا إعلانكم الشخصي بناءً على النموذج الذي وجدتموه.

٤- إسم الهيئة

اسم الهيئة, the noun of stance or posture, is also useful in description. It is a verbal noun, مصدر, on the pattern of فِعلة (Such as in وقفة، جلسة، مشية) which describes the posture or stance of the subject or object and sometimes acts as an adverb of manner, المفعول المطلق (see Lesson 7), to describe the manner in which the action or verb is performed. In this case it needs to be qualified with an adjective or be part of an idafa. Study the following examples:

- في وِقفتها كبرياء و في مِشيتها اعتزاز بنفسها.
- كان يجلس جِلسة الأمراء.

Note: اسم الهيئة needs to be distinguished from اسم المرة, noun of instance or occurrence, which is on the pattern of فَعلة. Consider the following two examples:

We sat one sitting/once before our trip.	- اسم المرة: جلسنا جَلسةً واحدةً قبل سفرنا.
We sat like princes	- اسم الهيئة: جلسنا جِلسةً الأمراءِ.

<u>تمرين ١٠</u>: بحث و كتابة (في البيت)

استخرجوا اسم الهيئة من الأفعال التالية ثم اكتبوا جمل وصف بخمسة منها:
خطا، نظر، لبس، قعد، قفز، ضرب، أكل، وثب، سار، سقط، رحل، خبِر، خرج.

و- الأسلوب:

عبارات من النص:

Or rather, instead

١- بل

مثال من النص: ... كان أجمل شاب في كلّ البلدة و جوارها، بل في كل لبنان ...

Yet

٢- بعدُ

مثال من النص: ... و ما سيفعله بعدُ في هذا العالم.

٣- فعل ما (لا، لم) يفعله — **Did what someone (did not/ could not) do**

مثال من النص: فدرس و تعلّم و **حصّل ما لا يحصّله** ألوف من المهاجرين اللبنانيين و السوريين في عشرات من السنين.

٤- عدا + اسم/ضمير متصل — **Other than, except, without**

(غير، سوى، إلاّ، دون)

مثال من النص: أما جميلة البشتاوي، **فعدا** جمالها الساحر، كانت تتحلّى بصفات...

٥- قلّما + فعل (نادراً ما) — **Rarely + verb**

مثال من النص: كانت تتحلّى بصفات **قلّما** اجتمعت بفتاة في كل ذلك الجوار أو سواه.

٦- سواء ... أم/أو... — **Whether ... or**

مثال من النص: إذا دار عنها الحديث في أيّ مجلس كان - **سواء** مجلس نساء **أم** رجال، أو مجلس رجال و نساء معاً - فأوّل ما تتناوله الألسن حسنها الرائع...

٧- لا عجبَ — **No wonder**

مثال من النص: لذلك **فلا عجبَ** إذا ظلّ زفافها إلى عزيز الكرباج موضوع جلسات الرجال و النساء في البلدة مدّة أسبوع على الأقلّ.

تمرين ١١٠: ترجمة و كتابة (في البيت)

ترجموا الأمثلة المستخرجة من النص ثمّ اكتبوا جملة بكلّ من العبارات الجديدة.

إثراء العبارات و المفردات:

١- أعضاء الجسم:

جسم - أجسام	Body-ies
لحم	Flesh, meat
شحم	Fat
عظم - عظام	Bone-s
دم - دماء	Blood
رأس - رؤوس	Head-s

Hair	شعر – شعور
Faces-s	وجه – وُجوه
Forehead-s	جبين – أجبُن/أجبنة/جُبُن
Eyebrow-s	حاجب – حواجب
Eye-s	عين – عُيون
Nose-s	أنف – أُنوف
Cheek-s	خدّ – خُدود = وجنة – وجنات
Mouth-s	فم – أفواه
Lip-s	شفة – شفاه
Tooth-teeth	سنّ – أسنان
Tongue-s	لسان – ألسُن
Chin-s	ذَقن – ذُقون
Neck-s	رقبة – رِقاب = عُنق – أعناق
Shoulder-s	كتف – أَكتاف
Arm-s	ذرَاع – أذرُع
Wrist-s	مِعصم – معاصِم
Hand-s	يد – أيدٍ/أياد
Finger-s	إصبع – أصابع
Nail-s	ظفر – أظافر
Chest-s	صدر – صُدور
Breast-s	ثدي – أثداء
Back-s	ظهر – ظُهور
Belly-ies	بطن – بُطون
Waist-s	خصر – خُصور
Buttocks, bottom	كفل – أكفال
Buttock-s	ردف – أرداف
Thigh-s	فخذ – أفخاذ
Knee-s	ركبة – رُكب
Leg-s	ساق – سيقان
Ankle-s	كاحل – كواحل
Foot-feet	رجل – أرجل، قدم – أقدام
Heel-s	كعب – كعوب

٢- صفات لشخص

ا- صفات جسديّة:

طويل، طويل القامة = tall
قصير، قصير القامة = short
نحيل = thin
بدين، سمين = fat
قويّ = strong
ضعيف = weak
جميل، وسيم = beautiful, handsome
قبيح، بشِع = ugly
سريع، سريع الحركة = fast, quick
بطيء، بطيء الحركة = slow
أنيق = elegant
رثّ الحال/المظهر = shabby

ب- صفات شخصية و أخلاقية:

ذكيّ = intelligent
غبيّ = stupid
مُجتهد = diligent
كسول، متقاعس = lazy
طموح = ambitious
متخاذل = unmotivated
لطيف = amiable
لئيم = mean, lowly
طيّب = kind
خبيث = wicked, sly
متواضع = humble
متكبّر = arrogant مغرور = vain
وديع، مسالم = pacifist
مشاكس، عدائي = belligerent
مُسلٍّ، خفيف الدم = funny
مملّ، ثقيل الدم = boring
كريم = noble, generous
بخيل = stingy
متفائل = optimistic
متشائم = pessimistic
مؤدّب = well-mannered
غليظ = rude
بشوش = cheerful, good-humored
عبوس = grumpy, ill-tempered

<u>تمرين ١٢</u>: (كتابة جماعية في الصف)

أُكتبوا وصفاً لشخصية مشهورة دون أن تذكروا الإسم ثمّ اقرأوه على زملائكم و دعوهم يخمنون اسم الشخصية.

ز- الكتابة:

<u>تمرين ١٣</u>: (قراءة و قواعد و كتابة في البيت)

إقرأوا النص التالي (مقتطف من "مدن الملح: التيه" بقلم عبد الرحمان منيف) ثمّ: أعيدوا صياغة ما تحته سطر مستعملين مرادفات و أساليب أخرى كالصفات و الإضافة غير الحقيقية و جملتي الصفة و الوصل.

مقتطف من "مدن الملح: التيه" بقلم عبد الرحمان منيف

نتيجة لهذه الحياة اكتسب الناس في وادي العيون <u>صفات في الجسد</u> ... شديدة الظهور، فهم <u>أميل إلى الطول</u>، مع اتّساق في العظام أمّا <u>الأطراف فمستقيمة ناحلة</u> و كذلك <u>الخصور</u> و <u>الأكتاف</u> حتى ليظنّ من ينظر إليهم و كأنّهم مجموعة من الخيول التي طال ترويضها و إتعابها، فضمُرت أكثر ممّا ينبغي، لكن ظلّت <u>قويّة مفتولة</u> و جميلة أيضاً. أمّا <u>الوجوه</u> فإنّها <u>أميل إلى الطول</u> لكنها <u>تفيض بالراحة لفرط تناسقها و انسجامها</u>، حيث تظهر <u>الشفاه الرقيقة</u>، مع <u>الوجنات المنسكبة</u> دون بروز أو نتوءات من أيّ نوع، عكس المناطق الأخرى، و التي كثيراً ما تظهر عيوباً حادة في مكان من الوجه و الجسد.

<u>تمرين ١٤</u>: (كتابة في البيت)

أُكتبوا إنشاء (حوالي ٥٠٠ كلمة) تصفون فيه شخصية مهمة أثّرت فيكم تأثيراً كبيراً. استعملوا على الأقل عشر كلمات جديدة و ست عبارات و الجملة الإسمية و الإضافة غير الحقيقية و الحال و اسم الهيئة و ضعوا تحت كل من هذه الإستعمالات سطراً.

ح- قراءات إضافية في محور الوصف:

عبد الرحمان منيف "مدن الملح: التيه".
نافلة ذهب "رجل الحي".

LESSON SIX: COMPARISON

الدرس السادس: المقارنة

كُلُّ ما زادَ عَن حَدِّهِ اِنقَلَبَ إلى ضِدِّهِ

قول مأثور

١- تمهيد للقراءة:

تمرين ١: بحث و كتابة (في البيت) و تقديم (في الصف)

ابحثوا عن سيرة الأديبة رضوى عاشور و اكتبوا فقرة عنها للتقديم في الصف.

تمرين ٢: محادثة (في الصف)

هل تعرفون توأماً؟ فيم يتشابهان و فيم يختلفان؟ كيف يمكن التمييز بينهما؟ هل يلبسان نفس الثياب؟ ما رأيكم في ذلك؟

تمرين ٣: تحضير مفردات (في البيت)

أُدرسوا المفردات التالية استعداداً لقراءة النص.

To match, be equal/identical	تطابق - يتطابق - تطابق
Identical	متطابقة
To differ, vary	اختلف - يختلف - اختلاف
Different	مختلفة
To taste	ذاق - يذوق - ذوق
Taste-s	ذوق- أذواق
To mix	مزج - يمزج - مزج
Mood-s, temperament-s	مزاج - أمزجة
To resemble each other	تشابه - يتشابه - تشابه
Similar	متشابه
Sibling-s, brother-s, twin-s	شقيق - أشقّاء، أخ - إخوان/إخوة
To share, to have something in common	تشارك - يتشارك - تشارك في
Same	ذات (الشيء)، نفس (الشيء)
Element-s	عُنصر - عناصر
To inherit	ورث - يرث - وراثة
Genetic elements	العناصر الوِراثيّة
To influence, affect	أثّر - يؤثّر - تأثير
Influences	المؤثّرات

To reflect	عَكَسَ
Seemed ... more similar than they actually are	بدا ... أكثر تشابهاً مما هما عليه فعلاً
Complexion	بشرة
Dark complexion	سمرة
Darker	أكثر سواداً
To miss, lack	افتقد – يفتقد – افتقاد
Is absent/missing/lacking	مُفتقَد
Resembles more, is rather like	أشبه بـ
Timbre, tone	نبرة
To distinguish between	ميّز – يميّز – تمييز بين
Rhythms-s	إيقاع – إيقاعات
An amount of, some	قدراً من الـ ...
To mock, be sarcastic	سخر – يسخَر – سُخرية من
More sarcastic, has sharper sarcasm	أحد سخريةً

ب- القراءة:

تمرين ٤: فهم (في البيت)

إقرأوا النص ثم أجيبوا على الأسئلة التالية استعداداً لمناقشتها في الصف:

١ – كيف كانت حمدية تعامل التوأم في البداية؟ ما رأيكم في ذلك؟

٢ – ما هي أوجه الشبه بينهما؟ و ما هي أوجه الإختلاف؟

٣ – كيف تطورت شخصيتاهما و تغيّر مظهراهما عبر الزمن؟

٤– ماذا اختار أن يدرس كل منهما؟

التوأم

في طفولتهما المبكّرة كانت حمدية تميل إلى شراء ملابس متطابقة للولدين فنبّهتها إلى أنّه ألطف أن نشتري لكلّ ثياباً مختلفة، فتعوّدا على ذلك، و عندما كبُرا صار كلّ منهما يختار ما يُمليه ذوقه و مزاجه. كانا متشابهين في الشكل، و إن لم يكونا

متطابقين. شقيقان يتشاركان في ذات العناصر الوراثية و في ما يتعرّضان له يوميا من المؤثّرات: الحضانة نفسها، و المدرسة، و الصف الدراسي، و المدرّسون، و الزملاء و الأصدقاء و نظام حياتهما اليوميّة. و لأنّ البشر كالمرايا يعكس الواحد منهم الكثير من وجه صاحبه، بدا نادر و نديم أكثر تشابهاً ممّا هما فعلاً. كان نادر أقلّ طولاً من أخيه، بشرته أكثر سمرة و عيناه أكثر سواداً، و في شعره تماسك خشن مُفتقد في شعر أخيه. كان يسهل الإنتباه إلى كونهما توأم حتّى التحاقهما بالمدرسة الثانويّة. بعدها، اختلفا إذ اختار نادر الإحتفاظ بشاربين و لحية مشذّبة تغطّي كامل ذقنه و تجعله أشبه بكاتب فرنسي شاب في نهاية القرن التاسع عشر، أمّا أخوه فظلّ شاربه زغباً حتّى التحق بالجامعة. بعدها، عندما تكاثف الشعر كان يحلقه يومياً. و كان صوتهما متشابها[1] جدا، النبرة متطابقة فلا نميّز لا أنا و لا حمدية بينهما في بداية اتصال تلفوني، أو حين يصيح أحدهما و هو في الحمّام طالباً منشفة، ثمّ نميّز لأنّ إيقاع كلّ في الحديث كان مختلفا.

أقول للبذور قانونها الغامض، و منطقها الخاص في الوراثة و الإختيار أيضاً. أخذ عنّي الولدان السخرية و قدراً من الشكّ، أصرّ بعناد أنّه من صفات الأذكياء. و لكنّ نادر، الأكبر بعشرين دقيقة، كان أحدّ سخرية من المصدر الذي درّبه عليها. درّبه زمانه ربّما على النظر إلى الدنيا بعين ناقضة، لا ترحم. و لكنّ زمانه هو زمان أخيه، فلماذا إذن؟ فاجأني نادر بمشاريعه: - سأدرس هندسة الكمبيوتر. سوق العمل فيه رائجة. يمكن إن أفلحت أن أعمل في مايكروسفت. و أنتقل إلى الخارج.

توجّست و لم أعلّق. التفتُّ إلى نديم، قال:
- سأدرس العمارة.

رضوى عاشور. "فرج". القاهرة: دار الشروق ٢٠٠٨. (صص ١٤٦-١٤٧)

ج- إثراء المفردات:

تمرين ٥: إثراء مفردات (في البيت ثم في الصف)

ابحثوا عن ترجمة الكلمات التالية في القاموس و قارنوا بين معانيها.

[1] As in the text. It should be صوتاهما متشابهين.

متطابق متشابه متقارب متساوٍ مماثل مشابه متعادل مضاهٍ
مختلف متباين متفاوت متنافر معاكس مقابل متضارب مغاير
ميّز فرّق خالف اختلف إمتاز فاق فضّل خيّر
عكس ضدّ نقيض غير دون نظير مثيل قرين
تناقض تضارب مفارقة تباين اختلاف تعارض مقارنة مقابلة

د- القواعد:

١- مراجعة أفعل و فعلى

أفعل التفضيل is used in comparatives and superlatives for both masculine and feminine. It is diptote ممنوع من الصرف. Here are some examples of أفعل التفضيل from the main text.

ألطف، الأكبر ...

A. Comparatives: There is only one form of expressing comparatives with أفعل. Study the following example.

نادرٍ أكبرُ من نديم.

B. Superlatives: There are three ways of expressing the superlative with أفعل. Study the following examples.

ا- نادر أكبرُ أخٍ.
ب- نادر أكبرُ الأخوينِ.
ج- نادر الأخُ الأكبرُ.

فُعلى, the feminine form of أفعل, is very limited in use to a small number of adjectives. Below are some of them:

كُبرى، صُغرى، وُسطى، عُليا، سُفلى، دنيا، قُصوى، عُظمى.

فُعلى is used in some expressions such as the following:

الصحراء الكبرى، آسيا الصغرى، السرعة القصوى، العصور الوسطى.

It is also used in superlative constructions, but not in comparatives. Study the following examples:

نيويورك بلا شك كبرى المدن الأمريكية.
تُعتبر نيويورك المدينة الكبرى في الولايات المتحدة.

٢- مراجعة تمييز المقارنة

تمييز المقارنة, as its name denotes, is very useful in comparisons. It is the combination of أفعل and a *masdar* or a noun that is (a) indefinite and (b) accusative منصوب. Most adjectives that can be used in the أفعل form can be transformed into a تمييز. However, many derived adjectives, often made up of more than two syllables, in the form of اسم فاعل or اسم مفعول, and إضافات غير حقيقية can be used in comparison only in the تمييز form. Study the following examples from the main text:

بدا نادر و نديم أكثر تشابهاً ممّا هما فعلا. كان نادر أقلّ طولاً من أخيه

Word order in these constructions can vary in two ways:

ا- نادر أقلّ طولاً من نديم.
ب- نادر أقلّ من نديم طولاً.

When تمييز المقارنة comes in the form of an *idafa*, the first element المضاف cannot take *tanwin* تنوين. Study the following example:

نادر أقلُّ طولَ نَفَسٍ من نديم.

<u>تمرين ٦</u>: (قواعد و كتابة في الصف أو في البيت)

قارنوا بين الجامعة و المدرسة الثانوية مستعملين أفعل (و فعلى) التفضيل و تمييز المقارنة. ضعوا تحت هذه الإستعمالات سطراً.

٣- تحويل الإضافة غير الحقيقية إلى تمييز مقارنة

الإضافة غير الحقيقية can be easily turned into تمييز المقارنة. Study the following examples:

حادّ السخرية ← أحدّ سُخرية
جميل الوجه ← أجمل وجهاً
طيّب القلب ← أطيب قلباً
كثير الشروط ← أكثر شروطاً

تمرين ٧: قواعد و كتابة (في البيت أو الصف)

حوّلوا الإضافات إلى تمييز مقارنة ثم استعملوا بعضها في كتابة وصف قصير لنديم بالمقارنة مع أخيه نادر بناء على ما ورد في النص.

طويل القامة ← ________________

خفيف الشعر ← ________________

شديد الإهتمام بفنّ العمارة ← ________________

قليل السخرية ← ________________

صغير السنّ ← ________________

أبيض البشرة ← ________________

____

____

____

____

____

____

٤- كلا / كلي — **Both (masculine)**

كلتا / كلتي — **Both (feminine)**

كلا means "both" and has lost in recent literature its gender كلتا and case variants كلي – كلتي. It is treated grammatically like "either", and thus the verb, adjective or pronoun following it is in the singular. Study the following examples:

- كلاهما لا يحب مشاهدة كرة القدم.
- رأيت كلتيهما تمشي في الشارع باحثة عن أختها.

تمرين ٨: (قواعد و كتابة في الصف أو في البيت)

أُكتبوا جملة بكل من:

١- (كلا) ________________.

٢- (كلي) ________________.

٣- (كلتا) ________________.

٤- (كلتي) ________________.

٥- استعمال وزن تفاعل في المقارنة:

Since one of the main meanings of the verb pattern تفاعل implies reciprocity and participation (i.e. the involvement of more than one party in the act), many verbs that carry the meaning of comparison are in this pattern. Consider the following examples and their meanings:

تشابه تطابق تساوى تناقض تشارك في تقارب تباين

تمرين ٩: (بحث و كتابة في البيت)

ابحثوا في القاموس عن أفعال أخرى على وزن تفاعل تحمل معنى المقارنة ثم أُكتبوا جملا بأربعة منها.

هـ- الأسلوب:

عبارات من النص:

١- ذات/نفس/عين الشيء = **The same thing, the very thing**

الشيء ذاته/نفسه/عينه/بعينه

مثال من النص: شقيقان يتشاركان في ذات العناصر الوراثية و في ما يتعرّضان له يومياً من المؤثّرات.

٢- كلّ من + اسم/ضمير **Each one of**

مثال من النص: و عندما كبُرا صار كلّ منها يختار ما يُمليه ذوقه و مزاجه.

٣- أحد/ إحدى + اسم/ضمير **One of**

مثال من النص: و كان صوتهما متشابهاً جدا، النبرة متطابقة فلا نميّز لا أنا و لا حمدية بينهما في بداية اتصال تلفوني، أو حين يصيح أحدهما و هو في الحمّام طالباً منشفة.

٤- أمّا ... فـ ... **As for ..., ...**

مثال من النص: اختار نادر الإحتفاظ بشاربين و لحية مشذّبة تغطّي كامل ذقنه و تجعله أشبه بكاتب فرنسي شاب في نهاية القرن التاسع عشر، أمّا أخوه فظلّ شاربه زغباً حتّى التحق بالجامعة.

تمرين ١٠: ترجمة و كتابة (في البيت)

ترجموا الأمثلة الثلاثة المستخرجة من النص ثمّ اكتبوا جملة بكلّ من العبارات الجديدة.

إثراء العبارات:

To compare	قارن – يقارن – مقارنة (بين)
To differ	اختلف – يختلف – اختلاف (عن)
Difference-s	اختلاف – اختلافات = فرق/فارق – فُروق/فوارق
To be discrepant, different	تباين – يتباين – تباين
To resemble	شابه/أشبه/تشابه
Resemblance, similarity	تشابُه
Similarities, similar aspects	وجوه التشابُه
Differences, different aspects	وجوه الإختلاف
Like, as	مثل + اسم/ضمير
Like, as	مثلما + فعل
Like, as	كـ + اسم/ضمير
Like, as	كما + فعل
Like, in the same vein as	على غرار = على نحو = على منوال
Of the same type, in this vein	من هذا القبيل
Whereas, while	بينما
Whereas, while	في حين
Unlike	على خلاف
Contrary to	على عكس
As opposed to, in comparison with, compared to	مقارنةً بـ ...
In comparison with, compared to	بالمقارنة مع
Unique, there is nothing like it	لا مثيلَ له
Unique, there is nothing like it, it has no equal	منقطع النظير
Has no equal	لا يضاهيه شيء
There is no comparison between	لا مجالَ للمقارنة بين ...
Like (the difference between) night and day	(كـ)بُعد السماء عن الأرض

<u>تمرين ١١</u>: (كتابة جماعية في الصف)

أكملوا المقارنة التالية مستعملين الكلمات (على الأقل ثماني) و العبارات (على الأقل خمس) الجديدة و ضعوا تحتها سطرا.

تزايد عدد المدوّنات (blogs) على الإنترنت في السنوات الأخيرة و خاصة منذ بداية حرب الخليج الثانية بشكل ملحوظ. و تختلف المدوّنات عن أشكال الإعلام التقليدية، كالجرائد و المجلات مثلاً، في نواح عديدة. ___________________________

____

____

____

____

____

____

و- الكتابة:

تمرين ٢١: (قراءة و قواعد و كتابة في البيت)

إقرأوا النص التالي (مقتطفات من "حفنة تمر" بقلم الطيب صالح) ثمّ:

١- استخرجوا أفعل التفضيل.
٢- أُكتبوا مقارنة بين شخصيّتي الجدّ و مسعود مستعملين المفردات و القواعد و العبارات التي تعلّمتموها في هذا الدرس.

مقتطفات من "حفنة تمر" بقلم الطيب صالح

أنف جدّي كان كبيراً حاداً. قبل أن يجيب جدّي على أسئلتي الكثيرة، كان دائماً يحكّ طرف أنفه بسبّابته. و لحية جدّي كانت غزيرة ناعمة بيضاء كالقطن. لم أر في حياتي بياضا أنصع و لا أجمل من بياض لحية جدّي. و لا بدّ أنّ جدّي كان فارع الطول، إذ أنّني لم أر أحداً في سائر البلد يكلّم جدّي إلاّ و هو يتطلّع إليه من أسفل، و لم أر جدّي يدخل بيتا إلاّ و كان ينحني إنحناءة كبيرة تذكّرني بانحناء النهر وراء غابة الطلح. كان جدي طويلاً و نحيلاً و كنت أحبّه و أتخيّل نفسي حين أستوي رجلاً، أذرع الأرض مثله في خطوات واسعة...

سألته يوما عن جارنا مسعود. قلت لجدي: "أظنّك لا تحبّ جارنا مسعود؟" فأجاب بعد أن حكّ طرف أنفه بسبّابته: "لأنّه رجل خامل و أنا لا أحبّ الرجل الخامل." قلت له: "و ما الرجل الخامل؟" فأطرق جدّي برهة ثم قال لي "أُنظر إلى هذا الحقل

الواسع. ألا تراه يمتدّ من طرف الصحراء إلى حافة النيل مائة فدان؟ هذا النخل الكثير هل تراه؟ و هذا الشجر سنط و طلح و سيّال. كلّ هذا كان حلالاً بارداً لمسعود، ورثه عن أبيه" ... بدأ جدّي يواصل الحديث "نعم يا بُنيّ. كانت كلّها قبل أربعين عاماً ملكاً لمسعود. ثلثاها الآن لي أنا" ... "و لم أكن أملك فدانا واحدا عندما وطئت قدماي هذا البلد. و كان مسعود يملك كل هذا الخير. و لكن الحال انقلب الآن، و أظنّني قبل أن يتوفّاني الله سأشتري الثلث الباقي أيضاً."

لست أدري لماذا أحسست بخوف من كلمات جدّي. و شعرت بالعطف على جارنا مسعود. ليت جدّي لا يفعل. و تذكّرت غناء مسعود و صوته الجميل و ضحكته القويّة التي تشبه صوت الماء المدلوق. جدّي لم يكن يضحك أبداً. و سألت جدّي: "لماذا باع مسعود أرضه؟" "النساء ... مسعود يا بُنيّ رجل مزواج كلّ مرّة تزوّج امرأة باع لي فداناً أو فدانين." وبسرعة حسبت في ذهني أنّ مسعود لا بُدّ أن تزوّج تسعين امرأة، و تذكّرت زوجاته الثلاث و حاله المبهذل و حمارته العرجاء و سرجه المكسور و جلبابه الممزّق الأيدي ...

أخذت أفكّر في قول مسعود: "قلب النخلة" و تصوّرت النخلة شيئا يحسّ له قلب ينبض. و تذكّرت قول مسعود لي مرّة حين رآني أعبث بجريد نخلة صغيرة: "النخل يا بُنيّ كالآدميين يفرح و يتألّم." و شعرت بحياء داخليّ لم أجد له سببا.

تمرين ١٣: (كتابة في البيت)

أُكتبوا إنشاء (حوالي ٥٠٠ كلمة) تقارنون فيه بين شخصيتين مهمتين بالنسبة لكم أو بين مكانين، فكرتين أو شيئين. استعملوا على الأقل عشر كلمات جديدة و ست عبارات و أفعل التفضيل و تمييز المقارنة و ضعوا تحت كل من هذه الإستعمالات سطراً.

ز- قراءات إضافية في محور المقارنة:

الطيب صالح "حفنة تمر".
ميخائيل نعيمة "مشهدان".

Unit Five **Narration**

الوحدة الخامسة السرد

By the end of this unit, you will be able to:

- Write diaries and biographies

- Narrate an event or story

In order to achieve these objectives, you will learn the following linguistic points:

- Time expressions

- Genres and forms of narration

- The verbal sentence

- Tenses and their uses and tense frames with كان

- الحال as a narrative device

You will also explore the following cultural points:

- A line of poetry by Abu al-'Ala al-Ma'arri

- A line of poetry by pre-Islamic poet Tarafa Ibn al-'Abd

- Authors: Taha Hussein, Abu al-'Ala al-Ma'arri, Latifa Baqa, Hanan al-Shaykh, Samih al-Qasim and singer and composer Marcel Khalifa

- Important cultural genres of narratives

LESSON SEVEN: DIARIES, AUTOBIOGRAPHIES AND BIOGRAPHIES

الدرس السابع: اليوميات و المذكرات و السير

عَلِّلاني فإنَّ بِيضَ الأَماني فَنِيَت والزَّمانُ لَيسَ بِفانِ

أبو العلاء المعري

١- تمهيد للقراءة:

تمرين ١: بحث و كتابة (في البيت) و تقديم (في الصف)

ابحثوا عن سيرتي طه حسين و أبي العلاء المعرّي. اكتبوا فقرة عن كل منهما للتقديم في الصف. ما الذي يجمع بينهما؟ ما هي الكتب التي ألّفها طه حسين عن أبي العلاء المعرّي؟

تمرين ٢: قراءة و كتابة (في البيت) و محادثة (في الصف)

إقرأوا هذه القولة لتوفيق الحكيم في كتابه "يوميات نائب في الأرياف" ثم اكتبوا رأيكم فيها و في الأغراض المختلفة لكتابة اليوميات و استعدّوا لمناقشتها في الصف. "لماذا أدوّن حياتي في يوميّات؟ ألأنّها حياة هنيئة؟ كلاّ! إنّ صاحب الحياة الهنيئة لا يدوّنها، إنمّا يحياها... أيّتها الصفحات التي لن تُنشر! ما أنت إلاّ نافذة مفتوحة أطلق منها حريتي في ساعات الضيق."

تمرين ٣: تحضير مفردات (في البيت)

أُدرسوا المفردات التالية استعداداً لقراءة النص.

Youth-s	فتى – فِتيان/فِتية، شابّ – شُبّان
Bitter	مُرّة
Bitterness	مرارة
Difficult, hard	عسيرة، شاقة، صعبة
Difficulty, hardship	عُسر
Hardship, difficulty	مشقّة
Financial ease or well-being, blessing	سعة، نعمة
Peacefulness, well-being	دعة
Conscience-s	ضمير – ضمائر
To dedicate time to, to find time for, to be by oneself	خلا – يخلو – خُلوّ لـ
Sweet, tasteful	عذب
Awesome, wonderful, outstanding	رائع
Literary masterpieces	روائع الأدب
To keep, to retain	استبقى – يستبقي – استبقاء

Remainder, rest	فضل بقيّة
To spend	أنفق – ينفق – إنفاق
To dress, clothe, cover	كسا – يكسو – كسوة/كِساء
Clothes	كسوة، ملابس، ثياب
Prisoner-s	سجين – سجناء
Suburb-s	ضاحية – ضواحٍ
Companions-s, classmate-s, comrade-s	رفيق – رفاق
To frequent a place	ألمّ – يلمّ – إلمام بمكان،
	اختلف – يختلف – اختلاف إلى مكان
To stay put in a place	لزم – يلزم – لزوم مكان
To inform, bring news to someone	أنبأ – ينبئ – إنباء
News	أنباء، أخبار
To play/frolic, seek entertainment/merriment	لها – يلهو – لهو
Entertainment, merriment	اللهو
To be satisfied/content	قنع – يقنَع – قناعة
To be satisfied/content	رضِيَ – يرضى – رِضا/رِضىً
Contentment, satisfaction	قناعة، رضا
Hardship, strenuousness	عناء، تعب، مشقّة
To spend	أنفق – ينفق – إنفاق
Expense-s	نفقة – نفقات

ب– القراءة:

<u>تمرين ٤</u>: فهم (في البيت)

إقرأوا النص ثم أجيبوا على الأسئلة التالية استعداداً لمناقشتها في الصف:

١– من الواضح أنّ حياة طه حسين في باريس كانت مُرّة و عسيرة و لكنّه يصفها أيضا بالحلوة و اليسيرة. لماذا؟

٢– هل يشكو طه حسين من الغربة أم من العزلة؟

٣– ماذا يقصد المعري بقوله إنّه رجل مستطيع بغيره؟

الأيام

كانت حياة الفتى[1] في باريس حلوة مُرّة و يسيرة عسيرة، لم يعرف فيها سعة و لا دعة، و لكنه ذاق فيها من نعمة النفس و راحة القلب و رضا الضمير ما لم يعرفه من قبل و ما لم ينسه قطّ. كانت حياته المادية شاقة، و لكنه احتمل مشقتها في شجاعة و رضا و سماح، لم يكن مرتّبه يتجاوز ثلثمائة من الفرنكات، كان يدفع ثلثيه في اليوم الأول أو الثاني من كل شهر، ثمناً لمسكنه و طعامه و شرابه، و كان يدفع نصف الثلث الذي كان يبقى له أجراً لسيّدة كانت تصحبه إلى السربون مصبحاً و ممسياً، ليسمع فيها دروس التاريخ على اختلافها، و تقرأ له بين ذلك ما شاء اللّه من الكتب حين لا يخلو له ذلك الصوت العذب[2] الذي كان قد رتّب له ساعات بعينها في النهار، ليقرأ له فيها روائع الأدب الفرنسي، و كان يستبقي فضل مرتّبه بعد ذلك لينفق منه على ما يعرض من حاجاته اليوميّة، فأما أمر كسوته فقد تركه إلى اللّه لأنّ مرتّبه لم يكن يتّسع له.

و أنفق السنة الأولى من حياته في باريس لا يخرج من بيته إلاّ إلى السربون. فكان سجيناً أو كالسجين، لم يذكر قطّ أنّه خرج من باريس إلى ضاحية من ضواحيها في أيام الراحة التي كان رفاقه ينفقون فيها أيام الآحاد، و لم يذكر قطّ أنّه اختلف إلى قهوة من قهوات الحيّ اللاتيني التي كان رفاقه الجادّون يلمّون بها بين حين و حين، و كان أكثر الطلاّب المصريين يختلفون إليها أكثر ممّا كانوا يختلفون إلى الجامعة، و إنمّا كان يلزم بيته في أيّام الراحة لا يفارقه، و ربمّا خلا إلى نفسه اليوم كلّه في غرفته، إلاّ أن يلمّ به ذلك الصوت الجميل فيقضي معه ساعة من نهار.

و كان يسمع أنباء المسارح و معاهد الموسيقى و اللهو، و كانت نفسه ربمّا نازعته إلى بعض هذه المسارح ليسمع هذه القصة أو تلك، و لكنه كان يردّ نفسه في يسر إلى القناعة و الرضا. و كيف السبيل إلى غير ذلك و هو لا يستطيع أن يذهب وحده إلى حيث يريد، و لا يستطيع أن يدعو غيره إلى مرافقته، و لا يريد أن يكلّف غيره من الناس عناء مرافقته من جهة و تحمّل ما تقتضيه هذه المرافقة من النفقات من جهة أخرى، و لم تكن ذكرى أبي العلاء[3] تفارقه في لحظة من لحظات اليقظة إلاّ أن

[1] Throughout his autobiography, Hussein uses the word الفتى to refer to himself.

[2] الصوت العذب, the sweet voice, refers to Hussein's wife, who used to read French literary works to him before they got married.

[3] A reference to Hussein's doctoral dissertation, and later a book that he wrote in 1914 about أبو العلاء المعري, Abbasid poet and writer (973–1057), entitled "تجديد ذكرى أبي العلاء".

يُشغل عنها بالإستماع إلى الدرس أو إلى القراءة. كان يذكر دائماً قول أبي العلاء في آخر كتاب من كتبه إنّه رجل مستطيع بغيره.

طه حسين "الأيام" . القاهرة: مركز الأهرام للترجمة و النشر (١٩٩٢). صص ٤٣٧-٤٣٨.

ج- إثراء المفردات:

تمرين ٥: إثراء مفردات (في البيت ثم في الصف)

ابحثوا عن ترجمة الكلمات التالية في القاموس و قارنوا بين معانيها.

سعة	دعة	يُسر	راحة	رضا	مشقّة	عُسر	نعمة	سماح	قناعة
ثمن	أجر	تكلفة	سعر	قيمة	مُرتّب	مصاريف	إدّخار	منحة	ضريبة
صرف	أنفق	ادّخر	دفع	سلّف	أقرض	تداين	اقترض	بذّر	استلف
قلب	ضمير	فؤاد	خاطر	بال	مُخيّلة	وجدان	نَفس	خلد	عقل

تمرين ٦: إثراء مفردات (في البيت)

أُدرسوا المفردات التالية: مفردات سرد المذكرات و اليوميات:

دوّن، سجّل، قيّد	To record
أرّخ	To record, chronicle
كتب، ألّف	To write, compose, author
نسخ، نقل	To copy, transmit
يوميّات	Journals, diaries
مذكّرات	Diaries
رزنامة	Calendar
تأريخ	Chronicle, history
تدوين	Recording
سيرة – سيَر	Biography-ies
سيرة ذاتيّة	Autobiography
ترجمة – تراجم	Translation-s, biography-ies

د – القواعد :

١– مراجعة الجملة الفعلية

As is the case with الجملة الإسمية in description الجملة الفعلية lends itself perfectly to narration. Study the following sentence from the main text:

و أنفقَ السنةَ الأولى من حياته في باريس لا يخرجُ من بيته إلاّ إلى السربون.

He spent the first year of his life in Paris not leaving his house except to go to the Sorbonne.

الجملة الفعلية is made of mainly a verb فعل, a subject فاعل مرفوع, and an object مفعول به منصوب, if the verb is transitive متعدّ, that is, requires an object. The verb remains in the singular when followed by an explicit, that is mentioned, subject. Here is an example:

اختلف الطلابُ المصريون إلى قهوات الحيّ اللاتيني.

تمرين ٧: (تحليل قواعد في الصف)

استخرجوا الجمل الفعلية من النص الأساسي و شكّلوها ثم حلّلوا أجزاءها.

٢– مراجعة استعمالات أزمنة الفعل (الماضي و المضارع و المستقبل)

Tenses are essential to narration. Tense manipulation does not depend only on conjugation, but also, and most importantly, on when to use the appropriate tense and for what function. Grammatical *Tense* is different from *Time*. For example, in a sentence such as 'My train leaves in two hours,' although *Tense* is the present, *Time* is the future. Writers sometimes choose to use the Narrative Present for events that happened in the past with an added effect of immediacy and surprise that the past tense does not carry. This use of Narrative Present also makes novels or short stories seem like plays. In addition to *Tense*, languages use *Aspect,* which adds information on whether the action is complete (Perfect) or incomplete (Imperfect), is continuous or happened at a definite point in time, etc. (See Lesson Eight).

Below is a review of when to use tenses in Arabic.

The Perfect/Past — ١– الماضي:

Most of my colleagues graduated two years ago.

مثال: تخرّج معظم زملائي منذ سنتين.

The Imperfect

٢- المضارع

ا- المرفوع:

My sister likes reading French novels.

مثال: تحبُّ أختي قراءة الروايات الفرنسية.

ب- المنصوب:

After 'to' or 'that'

- بعد أن

We decided to postpone the meeting.

مثال: قرّرنا أن نؤجّلَ الإجتماع.

After expressions of purpose: 'in order to', 'so that'

- بعد حتى، لـ...، كي

My friend traveled to Jordan in order to visit Petra.

مثال: سافر صديقي إلى الأردن ليزورَ البتراء.

After '*lan*' to negate the future

- بعد لن لنفي المستقبل

The people will not benefit from this project.

مثال: لن يستفيدَ الشعب من هذا المشروع.

ج- المجزوم:

After '*lam*' to negate the past

- بعد لم لنفي الماضي

Hussein did not leave his room except rarely.

مثال: لم يخرجْ حسين من غرفته إلاّ نادراً.

After '*la*' of negative command

- بعد لا الناهية

Do not postpone today's work till tomorrow.

مثال: لا تؤجّلْ عمل اليوم إلى الغد.

Some conditional sentences

- الجملة الشرطية بعد إن و مهما، ما و من

When one sows thorns, one reaps wounds.

مثال: من يزرعْ الشوك يجنِ الجراح (الشابي)

Indirect Command

- الأمر الغير مباشر بعد لـ... أو فلـ ...

I am hungry, so let's go to the closest restaurant.

مثال: لقد جعتُ فلنذهبْ إلى أقرب مطعم.

The future

٣- المستقبل:

Near/definite future

ا- القريب: سـ + المضارع المرفوع

She is going to arrive to the airport at dawn.

مثال: ستصلُ إلى المطار فجراً.

ب- البعيد: سوف + المضارع المرفوع

مثال: **سوف نزورُ** المنامة يوماً ما.

Far/indefinite future

We will visit Manama some day.

<u>تمرين ٨</u>: (تحليل قواعد في الصف)

سطروا تحت الأزمنة المستعملة في النص الأساسي و حددوا سبب استعمالها.

<u>تمرين ٩</u>: (قواعد في البيت)

صرّفوا الأفعال الواردة بين قوسين منتبهين إلى أزمنة الفعل

الأحد٢٧ فبراير

لم (استطاع) ———— أن (نام) ———— البارحة. لقد (أرّق) ———— ني أمرُ خطير. غداً (توقّف) ———— مساعداتُ الحكومة المالية التي (بدأ) ———— منذ ستة شهور من البطالة. (فصل) ———— ني الشركةُ بسبب الأزمة المالية التي (هزّ) ———— البلاد و العالم بأسره و لن (أعاد) ———— ني إلى منصبي حتّى و إن (تحسّن) ———— الظروفُ الإقتصادية فقد (تعوّد) ———— على القيام بنفس المهام أو أكثر بأقلّ من الموظفين. لم (تمكّن) ———— من أن (وفّر) ———— الكثير من المال فالمعيشةُ في هذا الزمن (جعل) ———— ك تتديّن و تحصل على قروض يعسر دفعُها. لا (درى) ———— كيف (سدّد) ———— هذه الديون و (دفع) ———— إيجار الشقة و تكاليف المعيشة الأخرى كرسوم دراسة أولادي. لن (يئِس) ———— من أمري و (ظل) ———— أبحث عن وظيفة حتى و إن كانت سائق سيارة أجرة.

٢- المفعول المطلق

المفعول المطلق expresses how the action was done and thus is the equivalent of the adverb of manner in English and other languages. Consider the following example from the main text:

و لكنه احتمل مشقتها **في** شجاعة و رضا و سماح.

But he endured its hardship bravely, with contentment and acceptance.

المفعول المطلق comes generally in the form of a مصدر following the verb from which it is derived. Sometimes, however, as in the example above, المصدر is not mentioned but understood from the context. In these cases, المفعول المطلق comes in the form of a prepositional phrase or an adjective منصوب. It is possible for المفعول

المطلق to also take the form of اسم الهيئة (see Lesson Five, Describing a Person) or
اسم المرّة (see Unit Five, Narration).

Below are the forms and functions of المفعول المطلق with examples:

To emphasize the verb

I reprimanded the lazy person severely.

ا– لتأكيد الفعل:

مثال: أنّبت المتكاسل تأنيباً.

To qualify the manner or type of the action

Why are you walking arrogantly?

ب– لبيان نوع الفعل:

مثال: ما لك تمشي مشية المتكبّر؟

To specify the number of times an action happened

We traveled twice.

ج– لبيان عدد الفعل:

مثال: سافرنا هذه السنة سفرتين.

After as or like followed by a verb

I did as my father ordered.

د– بعد كما و مثلما:

مثال: فعلت كما أمر أبي.

By omission

The children cheered loudly.

هـ – الإستغناء عن ذكره:

مثال: هتف الأولاد (هتافاً) عالياً.

تمرين ١٠: قواعد و كتابة (في الصف أو في البيت)

أكملوا الفقرة التالية مستعملين المفعول المطلق:

حاولت أن أفهم النص _____ دقيقاً فقرأته أوّل مرّة _____
سريعة ثمّ فكّرت في محتوياته _____ عميقاً و بعد بضع ساعات عدت
فقرأته مرّة ثانية بـ_____ حتّى استوعبت كلّ ما جاء فيه _____
كاملاً و كتبت بعض الأسئلة عنه حتّى أطرحها في الصف على أستاذي و زملائي
عسى أن يساعدوني على فهم ما غاب عنّي إذ أنّنا كلّما التقينا في الصف يحاول
كل منّا شرح آرائه بـ_____ و _____ حتّى نلمّ بكلّ جوانب
الموضوع _____.

هـ– الأسلوب:

عبارات من النص:

١– الطباق: استعمال الكلمة و ضدّها

مثال من النص: كانت حياة الفتى في باريس <u>حلوة مُرّة</u> و <u>يسيرة عسيرة</u>.

٢- الجناس: استعمال كلمتين تحملان نفس الأصوات و تختلفان في المعنى و قد يكون الجناس كاملًا أو ناقصاً

مثال من النص: كانت حياة الفتى في باريس حلوة مُرّة و يسيرة عسيرة، لم يعرف فيها سعة و لا دعة.

٣- قطُّ (أبداً) — **Never, ever**

مثال من النص: ... و لكنه ذاق فيها من نعمة النفس و راحة القلب و رضا الضمير ما لم يعرفه من قبل و ما لم ينسه قطّ.

٤- ما شاء اللّه من + اسم — **A great deal of**

مثال من النص: و تقرأ له بين ذلك ما شاء الله من الكتب حين لا يخلو له ذلك الصوت العذب.

٥- ترك شيئاً للّه — **To leave something in the hands of God or to providence**

مثال من النص: فأما أمر كسوته فقد تركه إلى الله لأنّ مرتّبه لم يكن يتّسع له.

٦- بين حين و حين (بين حين و آخر، بين فينة و أخرى) — **Now and then, once in a while**

مثال من النص: و لم يذكر قطّ أنّه اختلف إلى قهوة من قهوات الحيّ اللاتيني التي كان رفاقه الجادّون يلمّون بها بين حين و حين...

٦- و إنّما (بل) — **Rather, instead**

مثال من النص: و كان أكثر الطلاّب المصريين يختلفون إليها أكثر ممّا كانوا يختلفون إلى الجامعة، و إنّما كان يلزم بيته في أيّام الراحة لا يفارقه...

٧- من جهة ... من جهة أخرى (من ناحية ... من ناحية أخرى) — **On one hand ... and on the other**

مثال من النص: و لا يريد أن يكلّف غيره من الناس عناء مرافقته من جهة و تحمّل ما تقتضيه هذه المرافقة من النفقات من جهة أخرى.

تمرين ١١: (ترجمة و كتابة في البيت)

ترجموا الأمثلة المستخرجة من النص ثمّ اكتبوا جملة بكلّ من العبارات الجديدة.

إثراء العبارات: عبارات الزمن

Thus, as a result, then, immediately after	فـ...
Then	ثم
Until	حتى، ريثما، إلى أن
When	عند، عندما، حين، حينما، لما
While, whereas	بينما، في حين
During	خلال، أثناء، إبّان
Within a time frame	في غضون
Throughout	طوال، طيلة
As long as	طالما
After, shortly after, just after	بعد، بُعيد
After	إثر، على إثر، عقب، في أعقاب
In the beginning, initially	في البداية، بدء، بدايات، أوائل، مطلع، في أول الأمر
At the end, finally, ultimately	في النهاية، ختام، أواخر، خاتمة، أخيرا، آخر الأمر
Before, just before, shortly before	قبل، قُبيل
That day, in those days, at the time	يومئذ، يومذاك، يومها
No sooner ... than	ما إن ... حتى، ما كاد ... حتى، ما لبث أن
As soon as	حالما
Immediately, at once	فوراً، على الفور، حالاً

و– الكتابة:

<u>تمرين ١٢</u>: قراءة و كتابة (في البيت)

أكملوا اليوميات التالية من قصة قصيرة بقلم الكاتبة المغربية لطيفة باقا بعنوان "حذاء بدون كعب". جاءت القصة في شكل يوميات تمتدّ من الإثنين ٢٤ إلى ٣١ ديسمبر، أي آخر أسبوع من السنة. تحدث القصة في مستشفى، قد يكون مستشفى أمراض نفسيّة، حيث تقرّر الراوية و حلومة الهروب منه في ليلة رأس السنة. حاولوا أن تستعملوا خمس من عبارات الزمن.

السبت ١٢/٢٩

سألتها إن كانت تحتفظ بلباس للخروج. أجابت أنّها تُخفي فستانها و حذاءها في كيس بلاستيكي تحت السرير فسألتها إن كانت تتحدّث عن حذائها ذي الكعب. قالت إنّه ليس عالياً جدّاً و إنّها تستطيع أن تركض به ...
- أنت يا حلومة في حاجة إلى حذاء بدون كعب، أحذية الكعب هذه صُنعت لتتمايل الأرداف الثقيلة ... نحن سنقفز الجدار ...

الأحد ١٢/٣٠

منتصف الليل، ماتت ميلودة.

الإثنين ١٢/٣١

____
____
____
____
____
____
____

<u>تمرين ١٣</u>: كتابة (في البيت)

أُكتبوا إنشاء (حوالي ٣٠٠ كلمة) تدونون فيه يومياتكم على امتداد ثلاثة أيام على الأقلّ.
استعملوا على الأقل عشر كلمات جديدة و خمس عبارات و الأزمنة و ثلاثة أنواع من المفعول المطلق و ضعوا تحت كل من هذه الإستعمالات سطراً.

ز- قراءات إضافية في محور السرد:

لطيفة باقا "حذاء بدون كعب".
توفيق الحكيم "يوميات نائب في الأرياف".
أحمد أمين "حياتي".
طه حسين "الأيام".

LESSON EIGHT: EVENTS AND STORIES

الدرس الثامن: الأحداث و القصص

سَتُبدي لَكَ الأيامُ ما كُنتَ جاهِلاً   وَيأتيكَ بالأَخبارِ مَن لَم تُزوِّدِ

طرفة بن العبد

ا– تمهيد للقراءة:

<u>تمرين ١</u>: بحث و كتابة (في البيت) و تقديم (في الصف)

ابحثوا عن سيرتي الأديبة حنان الشيخ و المغنّي عبد الحليم حافظ و اكتبوا فقرة عن كل منهما للتقديم في الصف.

<u>تمرين ٢</u>: محادثة (في الصف)

ما هي الأسباب التي تؤدي إلى الهجرة؟ كيف يشعر المهاجرون بالغربة؟ كيف يواجهون هذا الشعور؟ هل يمكن الإنتماء في رأيكم إلى بلدين و ثقافتين و لغتين بشكل متوازن؟

<u>تمرين ٣</u>: تحضير مفردات (في البيت)

١– أُدرسوا المفردات التالية استعداداً لقراءة النص.

Very cold	قارس = بارد جداً
To sting	لسع – يلسع – لسع
To wrap oneself with	التفّ – يلتفّ – التفاف بـ
To wrap, cover	غلّف – يغلّف – تغليف
Thickness	سماكة
Thick	سميك
ركِب	استقلّ سيارة/طائرة
Contagion	عدوى
To be aware/conscious	وعى – يعي – وعي
Aware, conscious	واعٍ
Unconsciously	باللاوعي
Secret-s	سرّ – أسرار
To bury	دفن – يدفن – دفن
Hidden secrets	الأسرار الدفينة
To be content/satisfied with, settle for	اكتفى – يكتفي – اكتفاء
Self-sufficiency	الإكتفاء الذاتي
To be stubborn	عاند – يعاند – عناد/معاندة
To defy, to challenge	تحدّى – يتحدّى – تحدٍّ
Loss, feeling lost	ضاع – يضيع – ضياع

To beseech, beg, beckon	استعطى – يستعطي – استعطاء
To pour (rain)	هطل – يهطُل – هطول
Rain poured	هطل المطر
To budge	تزحزح – يتزحزح – تزحزُح
To resume	استأنف – يستأنف – استئناف
To latch on to, to cling to	تشبّث – يتشبّث – تشبّث بـ ...
To abstain from, refrain	أقلع – يقلع – إقلاع عن
Insignificance, sparsity	ضآلة
Small, sparse, insignificant	ضئيل
Plant from the collard green family	سلق
Halloum cheese	جبنة الحلوم
Pickled, pickled stuffed aubergines	مكدوس
Bulgur wheat	برغل
Jar of molasses	مرطبان الدبس
To appear, to peek	أطلّ – يطلّ – إطلال
Cannon-s	مدفع – مدافِع
Cannon shots	طلقات مدافع
Taxi	سيّارة أجرة
Rain shower-s	زخّة – زخّات المطر
Relief, solution, outlet	فرج
Hardship	ضيق
Curiosity	فُضول
Curious	فضولي
Death, passing away	وفاة/موت
To die, pass away	توفّى/تُوفِّي/مات

٢– أُدرسوا مفردات العامية المصرية التي وردت في الحوار.

It is quite common to mix the two varieties of Arabic, فصحى and عامية, in speech as well as writing. Many novels and short stories use Spoken Arabic عامية in dialogue instead of Standard Arabic. Naturally, Spoken Arabic is ideal for plays, although some have been written in Standard. There is a significant body of literature written entirely in Spoken by prominent figures such as Bayram Al-Tunisi, Ali Du'aji, Ahmad Fu'ad

Najm, among others. However, this body of literature has not been fully accepted by the canon, which has been focused on literature written in Standard.

The use of the Egyptian dialect in the following short story adds a great deal of context, details and credibility to the two Egyptian characters and the reference to Abel Halim Hafez, the popular Egyptian singer. The reader also understands from a number of details, such as the references to food, that the narrator is most likely Lebanese, or from the Levant, which adds to the main theme of immigration and living abroad—what is termed in Arabic as *ghurba*.

Egyptian Arabic has some specific features that set it apart from the Standard as well as other Arabic dialects. These differences are most prominent in pronunciation of certain sounds: ج is pronounced as [g], ق as *hamza* ء in the dialects of lower Egypt, ظ as an emphatic [z], ذ as ز, and ث which under certain conditions is pronounced as س or ت. There are also differences at the lexical level, mostly in function words, such as question words and some common adverbs. At the level of grammar, the most significant distinctions are the absence of case endings, except for very few adverbs, in word order, which is mainly nominal in dialects, in negation and to a limited degree in the use of fewer pronouns and a simpler conjugation system.

Study the following list of words and expressions from the text.

مش = ليس Not

بسّ = فقط، يكفي Only

و حياتي عندك = I beg you, I implore you

و إلاّ إيه = Or what

مافيش = لا شيء

و النبي، بالنبي = By the Prophet

ما + فعل + ش = Colloquial way of negating verbs

زيّ = مثل

كده = هكذا

إزّاي = كيف

ويّاك (و إيّاك) = معك

حـ/هـ + فعل مضارع = سـ + فعل مضارع (المستقبل)

حبصّلها = سأنظر إليها

خلاص = كفى، انتهى الأمر

النهار ده = اليوم

بأمي = By my mother, I implore you

بُكرة = غداً

ب- القراءة:

تمرين ٤: فهم (في البيت)

إقرأوا النص ثم أجيبوا على الأسئلة التالية استعداداً لمناقشتها في الصف:

١- كيف تصوّر الكاتبة فكرة الغربة و ما هي التفاصيل التي تستعملها؟
٢- أين تكمن السخرية في القصة؟

عبد الحليم حافظ

الهواء القارس يلسع الوجه و الرقبة و الكفين. أشعر بصعوبة في التنفس من كثرة ما التففت بملابس صوفية، و غلّفت نفسي بمعطف سماكته تفوق وزني. وقفت أنتظر الأوتوبيس، مع أنّ النقود النائمة في محفظتي تجعلني أستقلّ طائرة.

لا أتحرّك، لا أتنفّس، تماماً كصف الواقفين أمامي. أفكّر إذا كان انتظاري للأوتوبيس عدوى نقلها الإنكليز باللاوعي إلى كل من يعيش في بلادهم خاصة النساء. أو لأنّه من الأهداف القليلة التي اخترعتها في بحر الفراغ. لمّا درست أرقام الأوتوبيس الأحمر و إلى أيّ جهة من لندن يوصلني كل رقم. كأنّي أكتشف الأسرار الدفينة. لمّا ركبته و أوصلني بسهولة إلى الجهة التي أريدها شعرت بالسعادة. حتى أصبح الإكتفاء الذاتي لا يصلني كل صباح إلّا إذا رأيت الأوتوبيس الأحمر و، من بعيد، تبيّنت الرقم الذي أريده. يدقّ قلبي في اللحظة التي تدقّ قلوب كل من ينتظر. نصعده، كل منا يتنفّس بامتنان شاعراً للحظة بأنّه يملك الدنيا، و بأنّه حقّق نصف هدفه لهذا اليوم.

لكنّ انتظار الأوتوبيس يتحوّل إلى معاندة و إلى تحدي[1] و حزن و ضياع أيضاً. كلّما تأخّر، و مرّت الأتوبيسات تحمل أرقاماً لا يريدها أحد من الواقفين، تمرّ نصف فارغة تستعطي الراكبين و لا يركبها أحد. و أنا أقف، يهطل المطر، و أظلّ واقفة، لا أتزحزح كصفّ الإنتظار. و لمّا يطلّ أخيراً و نرى قاطع التذاكر يسدّ عتبته، يشير بيديه بما معناه أنّ الأوتوبيس مزدحم، و يستأنف الأوتوبيس سيره دون أن يتوقّف، و معه تفارقنا قلوبنا للحظة، و عيوننا تتشبّث بالرقم الأليف، و أقسم لنفسي ...[2] أنّي سأنتظر التالي مهما تأخّر، مهما تأخّرت، رغم أنّ زوجي حاول إقلاعي عن عادة انتظار

[1] As in the text, and the correct form should be تحدٍّ.

[2] Illegible word.

الأوتوبيس بقوله إنّني يجب أن أشتري الوقت. هذا صحيح لأنّ زوجي في سباق مع الوقت و الزمن. بينما وصول الأوتوبيس المطلوب عند المحطة و ركوبه غبطة عظيمة لي. بالإضافة إلى أنّه هدف أصل إليه بفرح حقيقي رغم ضآلته، يشبه فرحي عندما اكتشفت أضلاع السلق، و جبنة الحلوم المكبوسة، و أكياس البرغل و مرطبان الدبس في دكان البائع اليوناني. **عدا أنّي** كنت أحبّ أن يكون مصيري و الواقفين من الانكليز واحد.[3] تفكيرنا واحد، ترقّبنا واحد. الأوتوبيس الأحمر. ربّما كان هذا الشيء الوحيد الذي يجمعني بهم و لا أشعر بالغربة للحظات معدودة.

تأخّر الأوتوبيس اليوم. لذلك فكّرت بكل ما قلته الآن. لم يطل أيّ واحد و لا حتى من يحمل أرقاماً أخرى. نسمع طلقات مدافع، نتذكّر كلنا فجأة أنّ الرئيس الفرنسي يزور الملكة اليوم. أحد المنتظرين يقول إنّه ربّما لن يمرّ الأوتوبيس قبل ساعات.

لمّا ضغطت على نفسي و قرّرت استقلال سيارة أجرة، لم تمرّ واحدة. ظللت واقفة و البرد القارس يلسع وجهي و رقبتي و كفّي من جديد. أسمع حواراً بين رجلين من مصر.

- أرجوك، ليلة واحدة!
- مش ممكن!
- ياه، ليلة واحدة يا راجل أتهنّى فيها بسّ! و حياتي عندك!
- اللّه! بقولّك مش ممكن. مستحيل!

إلتفتّ إليهما. كان البرد قد حوّل شفاههما إلى لون الكوبيا، و شعرهم[4] المجعّد وقف يحارب زخّات المطر حتى لا تصل رأسيهما، أحدهما ينفخ كفّيه بينما الآخر يشدّ على شنطة رفيعة تحت إبطه.
يقطع أحدهما الصمت:

- انت زعلت و إلاّ إيه؟
- لا، ما فيش، بسّ أنا و النبي ما شفتش حدّ زيّك، بقولّك ليلة واحدة بسّ؟
- قلت لك قبل كده، مش ممكن، إزّاي تبقى ويّاك، و أنا...؟
- و حياتي عندك، ليلة واحدة، أتمتّع بيها. بوعدك، مش حلمسها. بسّ حبصّلها.

[3] As in the text, and the correct form should be واحداً, which also applies to the two following mentions of واحد.

[4] As in the text, and the correct form should be شعرهما or شعراهما.

شعرت بالخجل فجأة. لم أعد ألتفت إليهما. لمّا تقدّم لأوتوبيس يحمل الرقم ٧٣، تنفّس الفرج كل من يقف في الصفّ، عدا واحد[5] من المصريين الذي تنفّس الضيق. صعدت و جلست ملاصقة للشباك، بينما جلس المصريان أمامي.

- خلاص، و النبي أنا مش سألك عن أيّ حاجة بعد النهار ده.
- بسّ طلبك غير معقول يا راجل، أنا و انت في لندن يا راجل مش بمصر. صعب ألاقي زيّها.
- بسّ دانا حلفتلك بالنبي، بأمي، هي حتنام عندي ليلة واحدة، و من بكرة الصبح حتكون عندك!

حدت إلى النافذة. لا أراها تمطر أكثر، و الضباب يصل الأرض. لمّا سمعت الرجل يقول و هو يمدّ يده إلى الشنطة: "خلاص خذها يا أخي". دُهشت و حشرت وجهي بفضول شديد. رأيته يُخرج من ظرف صورة كبيرة بالألوان لعبد الحليم حافظ الذي توفّي البارحة.

حنان الشيخ. "وردة الصحراء". بيروت: المؤسسة الجامعية للنشر و التوزيع ١٩٨٢. (صص ٥٧-٦٠)

ج- إثراء المفردات:

تمرين ٥: إثراء مفردات (في البيت ثم في الصف)

١- ابحثوا عن ترجمة الكلمات التالية في القاموس و قارنوا بين معانيها:

غبطة بهجة فرح سُرور سعادة مرح زهو حُبور مُتعة نشوة
امتنان رضى طُمأنينة هناء سكينة دعة يُسر راحة البال طرب

٢- استخرجوا من النص الكلمات التي لها علاقة بـ:

- الطقس: ______
- أعضاء الجسم: ______
- الملابس: ______
- وسائل النقل: ______
- الطعام: ______

[5] As in the text, and the correct form should be واحداً.

د – القواعد :

١ – إدخال كان على أزمنة الفعل

Introducing كان to tenses (past, present, and future) adds to their complexity and subtlety. Consider the following example from the text:

| The cold had turned their lips purple. | كان البرد قد حوّل شفاههما إلى لون الكوبيا |

Past Perfect: had (already) done

I had (already) graduated when I met her.

أ – كان + قد + الماضي :

مثال: كنت قد تخرّجت عندما التقيت بها .

(a) Habit in the past: used to, would

I used to (would) play with my friends every day.

ب – كان + المضارع المرفوع :

مثال: كنت ألعب مع أصدقائي كل يوم.

(b) Past progressive: was doing

She was reading a book when her father arrived.

مثال: كانت تقرأ كتاباً عندما وصل أبوها .

Future in the past: was going to do

We were going to visit Beirut, but our plans changed.

ج – كان + المستقبل

مثال: كنا سنزور بيروت و لكن برنامجنا تغيّر .

Complex future: will have done

By Sunday, we will have left the city.

د – سـ/سوف + كان + قد + الماضي

مثال: سنكون قد غادرنا المدينة بحلول يوم الأحد .

تمرين ٦: (قواعد و كتابة في الصف أو في البيت)

ترجموا الفقرة التالية إلى العربية منتبهين إلى أزمنة الفعل:

I had left the house and was riding the bus to work when Fatima called. This was unusual since we would talk on the weekends. She decided to leave the country and go back home and nothing was going to make her change her mind. She will have spent ten years in this country and her return to what she calls "home" will not be easy. I began to miss our friendship, and wished that she would stay for another year or two.

تمرين ٧: تحليل القواعد في النص (في الصف)

استخرجوا الأزمنة المستعملة في النص ثم حدّدوا أجزاء القصة حسب الأزمنة و حللوا اختيارات الكاتبة.

تمرين ٨: قواعد (في البيت)

(وصل) ______ المسافرون إلى المدينة بعد رحلة طويلة (دام) ______ يومين كاملين. (كان + قد + انطلق) ______ بالسيارة و (قضى) ___ ______ ساعات طويلة (تحادث) ______ و (تأمّل) ______ ______ المناظر العجيبة على جانبي الطريق. (كان + سـ + أمضى) ______ ______ بعض الوقت في اللاذقية و لكنّهم أدركوا أنّ المسافة أطول ممّا (كان + تصوّر) ______ فلم (توقّف) ______ بل واصلوا سيرهم كي (وصل) ______ في أسرع وقت ممكن.

٢- الحال

الحال, literally 'the condition' or 'state', is also very useful in narration. It allows the writer to describe the condition or state of the subject, object or general circumstances while the act is taking place. Consider the following examples from the main text:

– و أنا أقف، يهطل المطر	As I stand, the rain pours
– و نرى قاطع التذاكر يسدّ عتبته.	And we see the conductor blocking its door

In the first sentence, الحال describes a general condition or circumstance, in this instance rain pouring, as or while the main action of standing occurs. This simultaneity allows us to narrate two actions at once, in this case the falling of the rain and the standing of the main character. The second sentence, however, demonstrates how الحال can describe the state of the object as the main act of 'seeing' occurs. So الحال will translate into 'as, while', the present participle, such as in 'blocking', and some times as an adverb of manner. However, الحال, does not describe 'how' the act was done even though it is sometimes translated as an adverb of manner. In Arabic, the function of describing 'how' an act took place is fulfilled by المفعول المطلق (see previous chapter).

الحال comes in four forms:

ا- اسم فاعل أو مفعول:	**Active or passive participle**
رأينا المسكين يوما مُلقى على قارعة الطريق.	We saw the poor guy lying on the sidewalk.

A verbal sentence, with the verb in the present	**ب- جملة فعلية يكون فعلها مضارعاً مرفوعاً:**
He spent his life racing after money.	قضى عمره يلهث وراء المال.
A nominal sentence after *waw* al-haal	**ج- جملة تكون عادة إسمية بعد واو الحال:**

كم تشتكي و تقول إنّك مُعدم و الأرض ملكك و السما و الأنجم
(إيليا أبو ماضي)

Oh, how much you complain and say that you are destitute
While the earth, sky and stars are yours (Elia Abu Madi)

A prepositional phrase	**د- مجموعة ألفاظ (عادة جار و مجرور فيها معنى الحال بالحذف)**
He came to me hurrying and on the verge of departing	جاءني في عجلة من أمره على وشك الرحيل.

تمرين ٩: (بحث و كتابة في البيت)

استخرجوا الحال من النص الأساسي و حدّدوا أشكاله.

هـ- الثقافة:

تمرين ١٠: (قراءة و قواعد و كتابة في البيت)

إبحثوا عن أغنية "منتصب القامة أمشي" كلمات الشاعر سميح القاسم و غناء مرسيل خليفة اِستمعوا إليها ثمّ:

١- استخرجوا الحال و حدّدوا أشكاله.
٢- ترجموا الجزء التالي من القصيدة إلى الإنجليزية.

مُنتصبَ القامة أمشي
مرفوع الهامة أمشي
في كفي قصفة زيتونٍ
وعلى كتفي نعشي
وأنا أمشي....

قلبي قمرٌ أحمر
قلبي بستان
فيه العوسج
فيه الريحان
شفتاي سماءٌ تمطر
ناراً حيناً حباً أحيان....
في كفي قصفة زيتون
وعلى كتفي نعشي
وأنا أمشي....

و- الأسلوب:

عبارات من النص:

١- من كثرة ما + فعل So much so that

مثال من النص: أشعر بصعوبة في التنفس من كثرة ما التففت بملابس صوفية ...

٢- مع أنّ + جملة إسمية In spite of, despite

مثال من النص: وقفت أنتظر الأوتوبيس، مع أنّ النقود النائمة في محفظتي تجعلني أستقلّ طائرة.

٣- مهما + فعل (ماض أو مضارع مجزوم) No matter, regardless of

مثال من النص: سأنتظر التالي مهما تأخّر، مهما تأخّرت ...

٤- عدا/عدى (إلاّ، سوى، غير) (أنّ) Except that

مثال من النص: عدا أنّي كنت أحبّ أن يكون مصيري و الواقفين من الانكليز واحداً.

٥- واو القسم By God, the Prophet, Jesus, etc

مثال من النص: أنا و النبي ما شفتش حدّ زيّك.

تمرين ١١: (ترجمة و كتابة في البيت)

ترجموا الأمثلة المستخرجة من النص ثمّ اكتبوا جملة بكلّ من العبارات الجديدة.

إثراء العبارات و المفردات:

أفعال السرد

حكى – يحكي، روى – يروي، قصّ – يقصّ	To tell a story
نقل – ينقل	To relay a story, to transmit
زعم – يزعم	To claim
سرد – يسرد	To narrate

عبارات السرد

كان يا ما كان في قديم الزمان...	Once upon a time
يُحكى أنّ...	It is told that
زعموا أنّ	They claimed that
في يوم من الأيام، ذات يوم	One day
فجأةً	Suddenly
إذا الفجائية (مثال: كنت أقرأ كتاباً و إذا بالتلفون يرنّ)	Suddenly, lo and behold

أشكال السرد:

حكاية – حكايات	Story-ies
خرافة – خرافات	Tale-s, imaginary tale-s
حدّوتة – حدّوتات	Tale-s
أسطورة – أساطير	Myth-s
رواية – روايات	Narration-s, novel-s
قصة – قصص	Story-ies, short story
سيرة – سِير	Epic poem-s, Prophet's life, biography-ies
ترجمة – تَراجم	Biography-ies, translation-s

سيرة ذاتية	Autobiography-ies
ملحمة – ملاحم	Epic-s
نكتة – نكات/نُكت	Joke-s
طُرفة – طُرَف، مُلحة–مُلح	Funny or rare anecdote-s
مقامة – مقامات	An Abbasid literary genre of stories told in rhyming prose

ز- الكتابة:

تمرين ١٢: (كتابة جماعية في الصف)

أكملوا القصة التالية مستعملين الكلمات (على الأقل ثماني) و العبارات (على الأقل خمس) الجديدة و ضعوا تحتها سطرا.

ضاع قطي. غاب عن الوجود منذ أن انتقلنا إلى هذا البيت الجديد. لم نفتقده في اليوم الأول لانتقالنا فقد كنا منشغلين عنه بترتيب البيت و غير ذلك من المهام. غير أننا في اليوم الموالي انتبهنا لغيابه في أوقات طعامه التي اعتدناها منذ ما يزيد عن ثلاث سنوات. كان كالساعة المضبوطة التي لا تتأخر و لا تتقدم و لو لحظة. بحثنا عنه في كل غرفة من غرف البيت تحت الأثاث داخل الخزانات فلم نعثر له على أثر. و لما يئسنا من العثور عليه في البيت بحثنا خارجه فوق السطح و في زوايا الحديقة ثم سألنا كل الجيران عنه فـ______________________________

تمرين ١٣: (كتابة في البيت)

أُكتبوا إنشاء (حوالي ٤٠٠ كلمة) تسردون فيه حدثاً وقع لكم.
استعملوا على الأقل عشر كلمات جديدة و خمس عبارات و الأزمنة و أنواع الحال
الأربعة و ضعوا تحت كل من هذه الإستعمالات سطراً.

ح‍- قراءات إضافية في محور السرد :

فؤاد التكرلي «التنور».
يوسف إدريس «بيت من لحم».
إميل حبيبي «الخرزة الزرقاء».
نافلة ذهب «سليمة و الرصاصة».

الوحدة السادسة النقد

Unit Six Argumentation, opinion pieces, and academic writing

By the end of this unit, you will be able to:

- Write an argumentative piece

- Express logical relationships between ideas

- Explain ideas and illustrate with examples

- Express hypothetical ideas

In order to achieve these objectives, you will learn the following linguistic points:

- Sentence connectors and cohesion devices

- Expressions of concession, exception, and causality

- The conditional

- The adverb of purpose المفعول لأجله

- Exception

- Emphasis

You will also explore the following cultural points:

- A famous saying from a poem by Abu al-Tayyib al-Mutanabbi

- Two lines of poetry by Imam al-Shafi'i and al-shabbī, Ibn eaydūn, Ali Ibn Abī Tālib

- Authors: Abdu Wazin, Tahir al-Haddad, Eduar al-Kharrat

- Verses from al-Qur'an

- Women in Islamic Law and society

LESSON NINE: OPINION PIECES

الدرس التاسع: مقالات الرأي

وخيرُ جليسٍ في الأنامِ كتابُ

أبو الطيب المتنبي

ا- تمهيد للقراءة:

<u>تمرين ١</u>: بحث و كتابة (في البيت) و تقديم (في الصف)

ابحثوا عن سيرة الكاتب عبده وازن و اكتبوا فقرة عنه للتقديم في الصف.

<u>تمرين ٢</u>: محادثة (في الصف)

ا- يرى البعض أنّ أزمة القراءة اليوم نتيجة لانتشار الوسائل السمعية البصرية كالتلفزيون و الانترنت. ما رأيكم في ذلك؟

ب- هل قرأتم كتاباً ثم شاهدتم فلماً يصوّر هذا الكتاب؟ هل لاحظتم فروقاً بينهما؟ أيّهما تفضلون و لماذا؟

<u>تمرين ٣</u>: تحضير مفردات (في البيت)

أُدرسوا المفردات التالية استعداداً لقراءة النص.

To pile up, accumulate	كدّس - يكدّس - تكديس
Pile-s	كدس/كدسة - أكداس
To put something aside	وضع شيئاً جانباً
A good opportunity	فرصة سانحة
Essentially, to begin with	أصلاً
Concern me, interest me	تعنيني
At the heart of	في صُلب
Television	الشاشة الصغيرة، التلفزيون
Principle-s	مبدأ - مبادئ
In principle	مبدئياً
To become	أمسى - يُمسي، بات - يبيت، أصبح - يُصبح
To chase	طارد - يطارد - مطاردة
A relentless chase	مُطاردة مستميتة
To be in demand, sell well	راج - يروج - رواج
To be in demand, sell well	لقي رواجاً
Storefront-s, front-s	واجهة - واجهات
Negative	سلبيّ

سلباً	Negatively
إزاء = حيال، تُجاه، نحو	Towards
فهرس – فهارس	Index-es, table-s of contents
فهرسة	Indexing
خرق – يخرِق – خرق	To pierce, infringe on
قدرة خارقة	Extraordinary ability
سليلة	Lineage, genealogy
فردوس = جنّة	Heaven, Eden
شاب – يشوب – شوب	To mix, blemish, tarnish
مشوب بالخطر	Fraught/mixed with danger
أبدع – يبدع – إبداع	To innovate, create
فعل إبداعي	A creative act

ب- القراءة:

تمرين ٤: فهم (في البيت)

إقرأوا النص ثم أجيبوا على الأسئلة التالية استعداداً لمناقشتها في الصف:

١- ما هي الأسباب التي تجعل الكاتب يؤجل قراءة الكتب التي تتكدّس على طاولته؟
٢- يذكر الكاتب خمسة أدباء في النص. ابحثوا عن سيرهم و اجمعوا بعض المعلومات عنهم؟
٣- ما العلاقة التي يذكرها الكاتب بين القراءة و الكتابة؟

الكتب تطارد قراءها

الإثنين ٣٠ يناير ٢٠١١
عبده وازن

في مطلع كل عام اتفقد كدسة من الكتب على طاولتي يعلوها قليل من الغبار لأن يدي لم تمتدّ إليها خلال أشهر. إنّها الكتب التي أضعها جانباً منتظراً الفرصة السانحة لقراءتها... فتتكدس ولا أكتشفها إلا مطلع العام الجديد عندما أعتكف ساعات أراجع خلالها ما قرأت طوال العام وما لم أقرأ، محاسباً نفسي ولكن بلا

عقاب. فالندم الذي يساورني في تلك اللحظات هو أهمّ عقاب يمكن أن ينزله المرء بنفسه. لكنني أكتشف أنني قرأت ما أمكنني أن اقرأه وأجّلت قراءة ما لم يمكنني[1] أن أقرأه. الكتب التي قرأتها هي أصلاً الكتب التي تعنيني والتي لا يمكنني أن أهملها لأنها في صلب همومي، كاتباً وقارئاً في آن، ومعظمها ليس من الكتب التي تسلّي او تمتع قارئها، بل هي تتطلب جهداً في التركيز والملاحظة والتدوين... أما الكتب التي تتراكم، فهي الكتب التي آنس اليها قارئاً أولاً وأخيراً. لكن ما من كتاب لا يترك أثراً في نفس قارئه أياً يكن نوعه. هل هو الكسل أم ضيق الوقت أو اللهو خارج القراءة مثل الجلوس أمام الشاشة الصغيرة أو شاشة الإنترنت؟ لا أملك جواباً. لكنني أعلم أنني قارئ جيد - مبدئياً - وأن القراءة تشغل وقتي أكثر من الكتابة... ومع أنني لا أشاهد التلفزيون أكثر من ساعة أو ساعتين في اليوم، ولا أطيل الجلوس أمام الإنترنت، أجد الكتب تتراكم على طاولتي...

كنا فى المراهقة وما بعدها، نطارد الكتب مطاردة، وأذكر أنني كنت أقضي على مكتبة المدرسة خلال الأشهر الأولى ثم أروح أبحث عن الكتب أينما كان لي أن أبحث عنها، في المكتبات العامة أو في مكتبات بيوت الرفاق... كانت الحماسة للقراءة شديدة الاحتدام في تلك الأعوام وكانت الكتب قليلة... الآن أصبحت الكتب هي التي تطاردنا، حتى ليمكن القول إنّ القراءة تكاد تمسي مهنة تتطلب التفرّغ لها كاملاً. وعلى رغم كل الإغراءات العصرية التي يعدّها بعضهم السبب الأول لما يسمى موت القراءة وموت القارئ، تتراكم الكتب باستمرار وتطارد قراءها مطاردة مستميتة. أصبحت الكتب الآن متوافرة بشدّة، وليس على مَن يهوى القراءة إلا أن يقصد المكتبات والمعارض والدور أو يجلس أمام شاشة «الإنترنت» التي تختصر مكتبات بكاملها، ليجد الكتب التي يبحث عنها.

كان المشهد الذي يخيفني - وما زال - في مدينة مثل باريس هو مشهد الكتب التي تتدفق بالمئات والألوف الى الأسواق الشعبية، على الأرصفة أو في المكتبات التي تشتري الكتب المستعملة وتبيعها، أو في المستودعات التي تساق اليها الكتب التي لم تلق رواجاً والتي سرعان ما تتخلص المكتبات منها لئلا تشغل الواجهات وتحتل الأجنحة. تلال من الكتب تبدو كأنها مرميّة وتبحث عن من[2] ينقذها من حال الكساد ويقرأها... لكن هذا الكساد وعدم الرواج ما كانا ليؤثرا سلباً في حركة النشر، فالكتب تتدفق سنوياً بأعداد هائلة لتلقى إما الرواج وإما الكساد والذهاب الى المستودعات والأرصفة... وهكذا دواليك.

1 As in the text. The correct form is يمكنّي.
2 As in the text. The correct form is عمّن.

أصبحت الكتب تطارد قراءها والقراء باتوا يحارون ماذا يقرأون وماذا لا يقرأون، يسرقون الأوقات سرقة ليستسلموا الى هذه الهواية البديعة... الحياة تطاردهم، وإغراءات الحياة الحديثة تتربص بهم، وشبح الزمن يتهدّدهم، وعليهم إزاء همومهم أن يجدوا متسعاً من وقتهم الضيق ليقرأوا.

كنت أحسد صديقاً لي يعمل في مكتبة أحد المراكز الثقافية، يمضي وقته بين الكتب، يقرأها ويقلّبها متفرّغاً تماماً لهذه «الوظيفة»... عندما التقتيه اخيراً قال لي بحسرة إنه لم يعد يملك الوقت للقراءة في وظيفته، بعدما كثر عمل الفهرسة الإلكترونية وإحصاء العناوين وإدراج الكتب الهائلة التي تفد إليهم في قائمات أو لوائح. قال لي: حتى نحن موظفي الكتب لم يعد يتسنّى لنا الوقت لنقرأ.

كلّما قرأت كتاباً لألبرتو مانغويل، هذا الكاتب الفريد، أُدهش أمام قدرته الخارقة على القراءة. فمعظم كتبه تدور حول القراءة نفسها بل ان الكتابة لديه **ضرب من ضروب** القراءة. هذا الأرجنتيني الأصل الذي يكتب بالإنكليزية جعل مهمة الكاتب هي القراءة، وليست الكتابة في نظره إلا استعادة لما رسخ أو تبقى من فعل القراءة. هذا الكاتب هو من سليلة كتّاب كبار كانوا قراء كباراً **في الحين نفسه**، و**في مقدمتهم** خورجي لويس بورخيس الذي كان يتخيل الفردوس أشبه بمكتبة، والذي لم يكتشف عماءه[3] إلا عندما بات غير قادر على القراءة وليس على الكتابة. ولا يمكن تناسي الإيطالي أمبرتو إيكو الذي جعل القراءة حالاً من أحوال الإدمان وإن كان إدماناً مشوباً بالخطر. هذا الكاتب الواسع المخيلة جعل من القراءة خرافة من خرافات الواقع الراهن. أما رولان بارت، الناقد الفرنسي الذي تحدث عن «لذة النص» فجعل من القراءة فعلاً ابداعياً يوازي الكتابة نفسها... ولدينا الجاحظ الذي ظل يكدّس الكتب من حوله حتى سقطت عليه ومات الميتة التي كان يتمناها، تحت الكتب وبينها...

في مطلع كل عام أتفقد الكتب التي تراكمت على طاولتي وأتحسّر. لقد مضى العام ولم أتمكن من قراءتها. أما مصيرها فهو مصير الكتب التي تراكمت قبل عام وعامين أو ثلاثة، أكدّسها على الرفوف منتظراً فرصة سانحة لأعود إليها...

[3] As in the text. The correct form is عماه.

ج- إثراء المفردات:

تمرين ٥: إثراء مفردات (في البيت ثم في الصف)

ا- زاوجوا بين المرادفات من الجدولين التاليين:

تحسّر	تكدّس
تراكم	أسطورة
مطلع	لائحة
خرافة	ندم
قائمة	عادل
الراهن	اعتبر
وازى	قضى
عدّ	مُتعة
لذّة	الحالي
أمضى	بداية

ب- زاوجوا بين الأضداد من الجدولين التاليين:

رواج	نقص
توافر	اعتنى بـ
أهمل	نهاية
سلباً	كساد
مطلع	إيجاباً

تمرين ٦: كتابة (في البيت ثم في الصف)

أعيدوا صياغة الفقرة التالية من النص الأساسي مستعملين مرادفات بدل الكلمات التي تحتها سطر مع مراعاة قواعد النحو و الصرف.

كنا في المراهقة وما بعدها، نطارد الكتب مطاردة، وأذكر أنني كنت أقضي على مكتبة المدرسة خلال الأشهر الأولى ثم أروح أبحث عن الكتب أينما كان لي أن أبحث عنها، في المكتبات العامة أو في مكتبات بيوت الرفاق... كانت الحماسة للقراءة شديدة الاحتدام في تلك الأعوام وكانت الكتب قليلة... الآن أصبحت الكتب هي التي تطاردنا، حتى ليمكن القول إنّ القراءة تكاد تمسي مهنة تتطلب التفرّغ لها كاملاً. وعلى رغم كل الإغراءات العصرية التي يعدّها بعضهم السبب الأول لما يسمى موت القراءة وموت القارئ، تتراكم الكتب باستمرار وتطارد قراءها مطاردة مستميتة. أصبحت الكتب الآن متوافرة بشدّة، وليس على مَن يهوى القراءة إلا أن يقصد المكتبات والمعارض والدور أو يجلس أمام شاشة «الإِنترنت» التي تختصر مكتبات بكاملها، ليجد الكتب التي يبحث عنها.

د- القواعد:

١- الجملة الشرطية

الشرط, the conditional, is useful in expressing hypothetical ideas and situations, and thus is relevant to argumentative writing. Study the following examples from the main text:

ما من كتاب لا يترك أثراً في نفس قارئه أياً يكن نوعه.

There is not a book that will not leave an impact on its readers, whatever their type might be.

ثم أروح أبحث عن الكتب أينما كان لي أن أبحث عنها.

Then I go searching for books wherever I could (search for them).

كلّما قرأت كتاباً لألبرتو مانغويل ... أُدهش أمام قدرته الخارقة على القراءة.

Whenever I read a book by Alberto Manguel … I am amazed by his extraordinary ability to read.

الجملة الشرطية is made of two clauses: جملة الشرط, the 'if' clause, and جملة جواب الشرط, the 'then' clause. The following example is a line of poetry by المتنبي, in which each half of the line is made of a conditional sentence with if and then clauses:

جملة الشرط	جملة جواب الشرط
إن أنت أكرمت الكريـم	ملكته
و إن أنت أكرمت اللئيم	تمرّد(ا)

Conditional particles, such as إن، لو، إذا, fall into two main categories: (1) الأدوات الجازمة, particles generally followed by *al-majzum*, and (2) الأدوات غير الجازمة, particles that cannot be followed by *al-majzum*, and are generally followed by the past tense.

١- الأدوات الجازمة (عادة متبوعة بالمجزوم):

If you leave now, you will arrive on time.	إن: إن تخرجوا الآن تصلوا في الموعد.
He/she who sows, reaps.	من/ما: من يزرع يحصد.
No matter what you say, they will not believe you.	مهما: مهما تقل فلن يصدّقوك.
Whenever we stay we them, we feel comfortable.	متى: متى ننزل عندهم نشعر بالراحة.
Wherever you go, you encounter problems.	أينما و حيثما: حيثما تذهبي تجدي مشاكل.
However you wish me to, I will relay the news.	كيفما: كيفما ترد أوصل الخبر.
Freedom of expression is the right of everyone, whatever his/her views might be.	أيّاً: حرية التعبير حق لكل مواطن أيا تكن آراؤه.

٢- الأدوات غير الجازمة (عادة متبوعة بالماضي):

If you see Ahmad, then remind him of our appointment.	إذا: إذا رأيت أحمد فذكّره بموعدنا.
If you had said the opposite, you would have been right.	لو: لو عكست لأصبت.
Every time she rejects him, he gets more stubborn.	كلّما: كلّما رفضته زاد عناده.

Note that لو, unlike إذا and إن, is used for past conditional; in other words, a conditional that is not possible. Consider this example:

If you had arrived a bit earlier, you would have found them here.	لو وصلت قبل قليل لوجدتهم هنا.

It is preferable to use the same tense in both clauses when possible. Consider these examples:

من زرع حصد.
من يزرعْ يحصدْ.

هـ- الثقافة

تمرين ٧: قواعد و قراءة (في البيت) ثم ترجمة (في الصف)

استخرجوا جمل الشرط من أبيات الشعر التالية محددين جملة الشرط و جملة جواب الشرط و الأزمنة المستعملة فيها ثم استعدوا لترجمتها في الصف.

يا ليلُ طُل أو لا تطُل لا بُدّ لي أن أسهرك   لو كان عندي قمري ما بتُّ أرعى قمرك

ابن زيدون

إذا الشعبُ يوماً أراد الحياة   فلا بُدّ أن يستجيب القدر

أبو القاسم الشابي

بلادي و إن جارت عليّ عزيزة   و أهلي و إن ضنّوا عليّ كرامُ

شاعر مجهول

سافر تجد عوضاً عمّن تفارقه   و انصب فإنّ لذيذ العيش في النصبِ
إنّي رأيتُ وقوف الماء يُفسده   إن ساح طاب و إن لم يجر لم يطبِ

الإمام الشافعي

لو كان هذا العلمُ يُحصّلُ بالمُني   لما ظلّ على وجه البريّة جاهلُ

الإمام علي

تمرين ٨: (كتابة في البيت)

أكملوا الفقرة التالية معبرين عمّا يمكن أن تفعلوه.

لو كان لديّ المزيد من الوقت لـ ______________________________

____

____

____

١- الإستثناء

In the main text above, the author expressed the idea of exception in a stylistic way that is prominent in Arabic writings: starting the main sentence with a negation, then using ‘except’, ‘save’, or ‘but’ for emphasis. Here are two examples:

فتتكدس ولا أكتشفها إلا مطلعَ العام الجديد...

The books pile up and I do not discover them except at the beginning of the new year.

وليس على مَن يهوى القراءة إلا أن يقصد المكتبات...

Those whose hobby is reading do not have to do much except (other than) go to libraries ...

Expressing exception, الإستثناء, uses a number of words that all mean 'except'; however, they imply different case endings. Here are the two groups:

ا- إلاّ، عدا، حاشا، خلا + اسم منصوب

مثال: قرأنا كلّ الكتب إلاّ واحداً. — We read all the books except one.

ب- سوى، غير + اسم مجرور

مثال: أحبّ كل الطعام سوى اللحمِ. — I like all foods except meat.

و- الأسلوب:

عبارات من النص:

١- أياً كان/يكن + اسم/مصدر — **Whatever, whichever, whoever it might be**

مثال من النص: لكن ما من كتاب لا يترك أثراً في نفس قارئه أياً يكن نوعه.

٢- أينما + فعل ماض أو مضارع مجزوم (حيثما) — **Wherever + verb in the past or *majzum***

مثال من النص: ثم أروح أبحث عن الكتب أينما كان لي أن أبحث عنها.

٣- سرعان ما + فعل — **Soon**

مثال من النص: والتي سرعان ما تتخلص المكتبات منها لئلا تشغل الواجهات وتحتل الأجنحة.

٤- لئلاّ (لـ + أن + لا) + المضارع المنصوب — **Lest**

مثال من النص: والتي سرعان ما تتخلص المكتبات منها لئلا تشغل الواجهات وتحتل الأجنحة.

٥ – و هكذا دواليك
And so on and so forth

مثال من النص: فالكتب تتدفق سنوياً بأعداد هائلة لتلقى إما الرواج وإما الكساد والذهاب الى المستودعات والأرصفة... **وهكذا دواليك.**

٦ – لم + عاد في المجزوم +
فعل مضارع مرفوع
No longer, not anymore

مثال من النص: عندما التقتيه اخيراً قال لي بحسرة إنه **لم يعد** يملك الوقت للقراءة في وظيفته.

٧ – ضرب من ضروب (نوع من أنواع،
لون من ألوان، نمط من أنماط ...)
A type/kind of

مثال من النص: ان الكتابة لديه **ضرب من ضروب** القراءة.

٨ – في الحين نفسه (في نفس الوقت،
في ذات الوقت، في آن واحد)
At the same time, simultaneously

مثال من النص: هذا الكاتب هو من سليلة كتّاب كبار كانوا قراء كباراً **في الحين نفسه**...

٩ – في مقدمة + ضمير/اسم
At the forefront

مثال من النص: **وفي مقدمهم** خورجي لويس بورخيس الذي كان يتخيل **الفردوس** أشبه بمكتبة...

<u>تمرين ٩</u>: (ترجمة و كتابة في البيت)

ترجموا الأمثلة المستخرجة من النص ثمّ اكتبوا جملة بكلّ من العبارات الجديدة.

<u>إثراء العبارات:</u>

١ – أدوات الربط (الجزء الأول)

أدوات الربط, connectors, are more important in Arabic style than punctuation. These connectors are function words that express explicitly the logical relationship between parts of a sentence, sentences or concepts. The main text is full of such connectors. Here is the introduction as an example:

في مطلع كل عام أتفقد كدسة من الكتب على طاولتي يعلوها قليل من الغبار **لأن** يدي لم تمتدّ إليها خلال أشهر. إنّها الكتب التي أضعها جانباً منتظراً الفرصة السانحة لقراءتها... **فتتكدس ولا** أكتشفها إلا مطلع العام الجديد عندما أعتكف

ساعات أراجع خلالها ما قرأت طوال العام وما لم أقرأ، محاسباً نفسي ولكن بلا عقاب. فالندم الذي يساورني في تلك اللحظات هو أهمّ عقاب يمكن أن ينزله المرء بنفسه. لكنني أكتشف أنني قرأت ما أمكنني أن اقرأه وأجّلت قراءة ما لم يمكنني ان أقرأه. الكتب التي قرأتها هي أصلاً الكتب التي تعنيني والتي لا يمكنني أن أهملها لأنها في صلب همومي، كاتباً وقارئاً في آن، ومعظمها ليس من الكتب التي تسلّي أو تمتع قارئها، بل هي تتطلب جهداً في التركيز والملاحظة والتدوين... أما الكتب التي تتراكم، فهي الكتب التي آنس اليها قارئاً أولاً وأخيراً. لكن ما من كتاب لا يترك أثراً في نفس قارئه أياً يكن نوعه. هل هو الكسل أم ضيق الوقت أو اللهو خارج القراءة مثل الجلوس أمام الشاشة الصغيرة أو شاشة الإنترنت؟ لا أملك جواباً. لكنني أعلم أنني قارئ جيد – مبدئياً – وأن القراءة تشغل وقتي أكثر من الكتابة... ومع أنني لا أشاهد التلفزيون أكثر من ساعة أو ساعتين في اليوم، ولا أطيل الجلوس أمام الإنترنت، أجد الكتب تتراكم على طاولتي...

The connectors in the paragraph above are adhesive elements that provide its cohesion and indicate to the reader the logical direction of the ideas, like traffic signs or a map that leads us to a specific destination.

Connectors can be divided into the kinds of logical relationships possible between two ideas. Generally, a writer needs to state an idea, explain it, then illustrate it with examples. These functions involve relationships of causality, concession, coordination, choice, etc. In this lesson we will focus on connectors that are useful in explaining, paraphrasing, and illustrating with examples.

١– عبارات الشرح و التفسير:

That is, i.e., for, since	فـ...، إذ...، أي...
Meaning, which means that	يعني أن، بمعنى، بما معناه
Meaning that, and what is intended is that	و القصد هو، و المقصود هو، أقصد أنّ
In other words	بعبارة أخرى
To be clearer, in clearer terms	بعبارة أوضح
Consisting of, which consists of	و هو عبارة عن، يتمثّل في، المتمثّل في
The content of which is	مضمونه أنّ، فحواه أنّ، مفاده أنّ
In brief, briefly	باختصار، مختصره أنّ، خلاصته أنّ، خلاصة القول إنّ

ب- عبارات التدليل و الإستشهاد بأمثلة:

شاهد - شواهد، مثال - أمثلة	Example-s
دليل - أدلّة، بُرهان - براهين	Proof-s
حُجّة - حُجج	Argument-s, proof-s
دليل قاطع، حُجّة دامغة	Irrefutable proof
مثلاً، فـ... مثلاً، على سبيل المثال، سأضرب لكم مثلاً	For example, for instance
على سبيل الذكر لا الحصر	Just to mention one of many examples
مثل، مثلما، كـ...، كما	As, like
كما هو الحال في	As it is the case in
و أحسن مثال على ذلك هو أنّ	And the best example for that is
و الدليل على ذلك هو أنّ	And the proof of that is
و أوضح/أقوى/أكبر دليل على ذلك هو أنّ	And the strongest proof of that is
و من الأدلّة الواضحة/القوية على ذلك أنّ	And clear/strong evidence of that is
يمكننا أن نرى ذلك بوضوح في	We can see that clearly in
و يبدو ذلك واضحاً في	And that seems evident/clear in
فإن نظرنا إلى ... مثلاً فـ...	If we look at ... , for example, then

<u>تمرين ١٠</u>: (كتابة جماعية في الصف)

إملأوا الفراغات في النص التالي بأدوات الربط المناسبة:

كل لغة مُعرّضة exposed لدخول مفردات و عبارات من لغات أخرى.

_____ دخلت على العربية مفردات من لغات عديدة.

_____ الفرنسية _____ الإيطالية _____ الإسبانية _____ الإنجليزية.

_____ كمبيوتر _____ تلفون _____ إنترنت _____ راديو _____ باص

_____ مترو، _____.

_____ هل هذه العبارات الدخيلة foreign تهدّد threaten بقاء اللغة و شخصيتها الثقافية؟

_____ بعض علماء اللغة يعتقدون أنّ تأثّر العربية بلغات أخرى لا يُمثّل خطراً على اللغة.

______ هذه ظاهرة phenomenon طبيعية.

______ تأثّرت العربية بلغات أخرى ___ الفارسية ___ اليونانية ___ و التركية منذ القديم.

______ العربية لغة عالمية لا يمكن عزلها to isolate it عن التاريخ و التطوّر.

______ بعض المفكرين و السياسيين يظنون أنّ العبارات الأجنبية تهدّد الشخصية اللغوية و الهوية identity الثقافية العربية.

______ إستعمار لغوي ___ إقتصادي ___ ثقافي.

______ العربية قادرة على استنباط to devise, invent عبارات و مصطلحات terminology جديدة.

______ كمبيوتر ______ حاسوب ______ راديو ______ إذاعة ______ إنترنت ______ الشبكة العالمية.

______ يجب أن نستعمل هذه العبارات العربية.

ز- الكتابة:

كتابة مقدّمة

There are many ways of writing an introduction depending on the type of text and its purpose. Generally, however, a well-written introduction serves three functions:

(1) Get the reader interested in the topic and the piece, what has come to be termed ‘the hook’ in journalism. This part can be accomplished in several ways: an anecdote, a quote, a fact, a recent event, a catchy statement, etc. In the main text we read, the writer decides to start with a personal habit of checking the pile of books that he did not read once a year. He tells this fact as a story and leads the reader to wonder about his reasons for not reading this pile of books. He also introduces the element of time: he goes through the pile of books only once a year, as if it is a ritual or a time of reckoning.

(2) State the main thesis, topic or question of the piece. Phrasing a thesis in the clearest and most economical way is crucial, especially in academic writing. Here, the author of the main text distinguishes between the books he managed to read and those he could not: the first are books that interest him as a writer and a reader and the second only as a reader. He then wonders whether it is laziness, lack of time, or wasting time in front of TV or on the internet that cause him not to read these books. He mentions that in spite of the fact that he is an avid reader, books still pile up on his desk. In this way he tied the beginning of the introduction and its end in a closed circle; in other words, he started and finished with almost the same exact words.

(3) Give the reader a sense of direction by listing the parts of the piece and their logical order. In other words, how do you plan to prove your thesis or main idea. The writer of the main text does not do this, at least not explicitly. We know that he chose a temporal narrative approach in his introduction, but it is clear that it will not be the logical order he will follow in the rest of the piece. We can guess that he might come back to this narrative in his conclusion. However, we know that he will contemplate first some distractions from reading and most likely provide us with another reason that he deems more valid.

Below is an introduction on the topic of the role of social media in the Arab Spring revolutions of 2011. Please read it, translate it, and find the three main parts.

كثُر الكلام عن دور المواقع الإجتماعية مثل تويتر و فيسبوك في الثورات العربية التي بدأت في تونس ثم مصر و انتشرت بعدها في بلدان أخرى كليبيا و اليمن و الإمارات و سوريا حتى أنّ بعض الإعلاميين سمّوها بـ "ثورة الفيسبوك" كما تساءل البعض الآخر عن مساهمة ويكليكس في انبعاث هذه الحركات الشعبية التي قامت ضدّ حكومات لم يكن أحد يتصوّر أنّها ستسقط يوماً ما. إنّ هذه التساؤلات توحي بأنّ هذه المواقع قد صنعت هذه الثورات و هذا بعيد عن حقيقة ما حدث في تونس و مصر فقد ساهمت هذه المواقع في فكّ قيود الرقابة الحكومية و رفع حجاب التعتيم الإعلامي و تنظيم المسيرات و الإعتصامات غير أنّها لم تكن عاملاً من العوامل التي أدّت إلى هذه الأحداث. إذن كيف نفسّر دور هذه المواقع و ما هي الوسائل الأخرى التي ساهمت في زخم هذه الثورات؟ ثمّ ما هي العوامل التي أدّت إلى قيام الشارع العربي بعد عقود من الصمت.

<u>تمرين ١١</u>: كتابة (في البيت)

أُنسجوا على منوال المقدّمة السابقة و اكتبوا مقدّمة لأحد المواضيع التالية:

١- يقول البعض إنّ العولمة (globalization) اتّخذت في بدايتها شكلاً اقتصادياً تحوّل فيما بعد إلى ظاهرة ثقافية و سياسية.

٢- يرى البعض أنّ انتشار اللغة الإنجليزية في أرجاء العالم يقلّل من رغبة الناطقين بها في تعلّم لغات أجنبية.

٣- تجد البلدان السياحيّة نفسها بين نقيضين: من ناحية أهميّة الدخل من هذا القطاع بالنسبة لدورتها الإقتصادية و من ناحية أخرى تأثير السياح الكبير على الثقافة المحلّية و الموارد الطبيعية. هل يمكن التوفيق بين الإثنين؟

تمرين ١٢: (كتابة في البيت)

أُكتبوا إنشاء (حوالي ٦٠٠ كلمة) تردون فيه على أفكار عبده وازن حول أزمة القراءة في مجتمعاتنا الحديثة. هل توافقون أنّ قراءة الكتب قد تراجعت في السنوات الأخيرة؟ هل يعود ذلك إلى الزيادة في عدد الكتب المنشورة أم إلى قلة الوقت أم إلى أسباب أخرى؟ اقترحوا بعض الحلول لهذه المشكلة.

استعملوا على الأقل عشر كلمات جديدة و ست عبارات و الشرط و الإستثناء و ضعوا تحت كل من هذه الإستعمالات سطراً. استعملوا أقصى ما يمكن من أدوات الربط.

ح- قراءات إضافية في محور النقد:

فؤاد التكرلي "الرواية نص لغوي و ليست إنساناً فرداً و من الغباء محاكمتها أخلاقياً". (الشرق الأوسط ٢٠٠١/٨/٥)

LESSON TEN: ACADEMIC WRITING

الدرس العاشر: الكتابات الأكاديمية

سافِر تَجِد عِوَضاً عمّن تُفارِقُهُ   وانصَب فإنّ لذيذَ العيشِ في النَّصَبِ
إنّي رأيتُ وقوفَ الماءِ يُفسِدُهُ   إن ساحَ طابَ و إن لم يجرِ لم يَطِبِ

الإمام الشافعي

ا- تمهيد للقراءة:

تمرين ١: بحث و كتابة (في البيت) و تقديم (في الصف)

ابحثوا عن سيرة المفكر الطاهر الحداد و اكتبوا فقرة عنه للتقديم في الصف.

تمرين ٢: محادثة (في الصف)

تقول بعض المفكرات، كنوال السعداوي و فاطمة المرنيسي و ألفة يوسف و غيرهنّ، إنّ مشاكل المرأة ليست نتيجة الدين في حدّ ذاته و إنّما نظم المجتمعات الأبوية التي استفرد فيها الرجال بتفسير الشريعة. ما رأيكم في ذلك؟

تمرين ٣: تحضير مفردات (في البيت)

أُدرسوا المفردات التالية استعداداً لقراءة النص.

Covered ground, leading distance	شأو
To legislate	شرّع - يشرّع - تشريع
Islamic law	الشريعة
An irrefutable truth, an undeniable truth or fact	حقيقة لا غُبار عليها
Neither in the beginning nor at the end, throughout	لا أوّلاً و لا آخراً
In the beginning	بادئ الأمر، في البداية
To be flexible, soften	لان - يلين - لين
To hold, press, tighten, tense up	شدّ - يشدّ - شدّ
Leniency and intransigence	اللين و الشدّة
To attract, woo, entice	رغّب - يرغّب - ترغيب
To frighten, terrorize, threaten	رهّب - يرهّب - ترهيب
The carrot and the stick, threatening and wooing	الترغيب و الترهيب
Qur'anic verse-s	آية - آيات
In its essence, essentially, in its core	في جوهره
Jurisprudent-s, scholar-s of Islamic law	فقيه - فُقهاء
Jurisprudence	فقه
Unlike what it intends	على غير ما يريده
Slave-s	عبد - عبيد

The matter did not stop here	لم يقف الأمر عند هذا الحدّ
Resulted in, ended in	آل – يؤول – أول/مآل إلى
To spend, try in court, adjudicate	قضى – يقضي – قضاء
Judiciary	القضاء
Judge-s	قاضٍ – قُضاة
To strive, make an effort, legislate new Islamic laws	اجتهد – يجتهد – اجتهاد
Legislating new Islamic laws	الإجتهاد
To comprehend, grasp, understand	فقه – يفقَه – فِقه
To a people who comprehend (this is from a Qur'anic verse)	لقوم يفقهون

ب– القراءة:

تمرين ٤: فهم (في البيت)

إقرأوا النص ثم أجيبوا على الأسئلة التالية استعداداً لمناقشتها في الصف:

١– يحاول الحداد أن يضع الشريعة الإسلامية في سياقها التاريخي. لماذا و ما أهمية ذلك بالنسبة لآرائه حول ضرورة المساواة بين المرأة و الرجل؟

٢– يركّز الحداد على مفهوم "التدرّج". ما أهمية هذا المفهوم؟

٣– ماذا يعيب الحداد على الفقهاء؟

امرأتنا في الشريعة و المجتمع
خاتمة القسم التشريعي

إذا تأمّلنا حقّ التأمّل في نصوص الشريعة الإسلامية و مراميها نجد أنّها تريد أن تذهب بالمرأة مع الرجل مذهب المساواة في وجوه الحياة. و لقد أدركت من ذلك في الزمن القصير شأواً بعيداً لم تعرف له امرأة ذلك العصر حداً بل و لا معنى فضلاً عن أن تطالب به كحقّ من حقوقها. بل ما تزال امرأتنا اليوم تجهل ما قُرّر لها أو طُوي في نصوص الإسلام من كنوز الحرية و الحقّ. بل إنّ المرأة الأوروبية حتى الآن محرومة في قوانين بلادها مما امتازت به المرأة في الإسلام. و لسنا في هذا

القول بغافلين عن اعتبار الشريعة الإسلامية لنقصان المرأة في بعض أحوال نزلت فيها عن درجة الرجل. كما لا نغفل أيضاً عن عامة الأحوال في جزيرة العرب التي اضطرّتها إلى التدرّج في تقرير عامة أحكامها، و بالأخصّ ما كان منها متعلّقاً بالمرأة، و هو أنّ مسألة المرأة **إذ ذاك** لم تكن من أولى المسائل التي يلزم حلّها من كل وجوهها. و هذه حقيقة لا غبار عليها فقد كان أول أغراض البعثة النبويّة من الوجهة الإجتماعية و السياسية هو إزالة الحروب الداخلية في الجزيرة ليؤسّس بذلك الوحدة القومية لبناء الدولة العربية عليها لتمتدّ في العالم ناشرة ألوية الإسلام مبشّرة بحسن مبادئه. و هذا ما مثّله لنا التاريخ في جملة حوادثه. فإن كان الإسلام يهتمّ بالإصلاح و يحتاط أن لا ينتقض عليه في ذلك الرجال فقد فعل اللازم. إذ هم مصدر القوّة و المال لتحقيق غاياته العظيمة، و مع كل هذا الإحتياط في تدرّج أحكامه فهو لم يسلم لا أوّلاً و لا آخراً من المعارضين الأشدّاء. فقد صبر النبي عليه السلام على الأذى. و خرج من بلاده في هجرة إلى المدينة فراراً من الخطر الذي داهمه من كفّار قريش الذين لم يحتمل طوقهم باديءَ الأمر ما جاءهم به النبي الأمين الذي دخل الغار هو و صاحبه أبو بكر الصدّيق في طريقهما اختفاءً ممن يتبعونهما منهم[1]. و مازال النبي العظيم يأخذهم باللين و الشدّة و الترغيب و الترهيب حتى أصاب من قلوبهم و تمكّن من وضع الأساس في الروح و الأخلاق و العقائد كاملاً و صالحاً لمن يبنى عليه من رجال الإسلام. و هذا فيما أرى هو ما عبّر عنه القرآن في الآية الكريمة: "اليوم أكملت لكم دينكم و أتممت عليكم نعمتي و رضيت لكم الإسلام دينا".

على أنّ الإسلام في مراعاته سنّة التدرّج لم يتركنا نهيم في الشكّ و لا أن نفهم أنّه في جوهره ينحاز لشقّ الرجال على النساء. و إذا كان لم يبيّن لنا ذلك واضحاً في كل أحكامه المرتبطة بعامة الأحوال **إذ ذاك** فقد برهن على غرضه الأسمى في اعتبار عباد الله سواءً عنده و أنّه خلقهم سواءً في أحسن تقويم، و حدّد جزاءهم بقدر أعمالهم، و أمرهم بالعمل الصالح، و جعله شعاراً فضّل به بعضهم على بعض عنده دون أن يستثني في ذلك النساء من الرجال كما في الآية: "لقد خلقنا الإنسان في أحسن تقويم" و الآية: "و أن ليس للإنسان إلاّ ما سعى" و قوله تعالى: "يا أيّها الناس إنّا خلقناكم من ذكر و أنثى و جعلناكم شعوباً و قبائل لتعارفوا إنّ أكرمكم عند اللّه أتقاكم". لكنّه لسوء حظّ المسلمين – ولا أقول الإسلام – أنّ غالب علمائهم

[1] A reference to the story of the migration of the Prophet and his companion, and later first Khalifa, Abu Bakr. While pursued by people from Quraish, they hid in a cave and a spider miraculously spun a web covering the entrance. When the people pursuing them saw it unbroken, they deduced that the Prophet and his companion could not be inside the cave.

و فقهائهم لم يراعوا غرض الإسلام في التدرّج بذلك النقص البادي في المرأة و استعداد الرجل نحوها حتى يصير كمالاً بل هم قد أفسحوا لذلك النقص أن يعظم ليتّسع الفرق بينهما في الأحكام و يتضخّم الخلف بينهما في الحياة. و هنا يظهر جلياً أنّ النفسية التاريخية للعرب و سائر المسلمين في اعتبار المرأة قد تغلّبت على ما يريد الإسلام لها من التقدير و العطف، و ليست هذه أوّل مسألة يرى فيها علماء الإسلام على غير ما يريده... و أمّا المرأة فهي لا تبعد عند الفقهاء عن درجة العبيد في عدّة أحكام كمسألة اشتراط الحرية و الذكورة في الولي العاقد للزواج ... و أكبر دليل على أنّ استواء المرأة و العبد في الإعتبار مسألة تاريخيّة قديمة قبل الإسلام أنّ النبي عليه السلام فيما رُوي عنه ما خرج من الدنيا إلاّ بعد أن أوصى بالضعيفين العبد و المرأة مقرونين في الذكر و وصف الضعف.

فلنتصوّر بعد هذا أنّه بدل أن يسعى المسلمون لتأهيل المرأة من الوجهة الإجتماعية حتى تستثمر بحقّ ما يعطيها الإسلام من الحقوق فإنّ الإصلاح الذي عولجت به هو زجّها في أعماق البيوت محجوبة عن العالم أجمع بما جعلها أبلغ مثال للجهل و البله و الغبن و سوء التربية لنضع بين يديها و على ركبتيها إخراج البنين و البنات من شعبنا. و ها نحن اليوم نجني نتائج هذا الإصلاح في أنفسنا و أبنائنا و سائر أجيال التدلي التي نمرّ اليوم بحلقة من حلقاتها الساقطة.

و قد كان من نتائج انزوائها في البيت أن نابها الرجال في إدارة أملاكها و استثمار أموالها في مختلف الأعمال إما بالإيصاء و التقديم أو بالتوكيل منها متى حُكم لها بالرشد. و هذا ما يقرّره الفقهاء و تقضي به المحاكم الشرعية. و لا تسأل عما آل إليه الحال بعد هذا فقد ابتلعها الرجال و حوّلوا مالها إليهم بمختلف الطرق التي تجهلها و لا تدري فيها وجه الوصول إلى حقّها بموجب بُعدها عن وسط الأعمال. و لم يقف الأمر عند هذا الحدّ بل جعل حقّ الولاية عليها في الزواج المعمول به اليوم عندنا سبيلاً إلى التحكّم بمستقبلها فيه طبق مصلحة الأولياء و أغراضهم فيها و في مالها كما بيّنّا سالفاً، فماذا عسى أن نرتجي من صلاح المرأة بعد أن أصدرنا عليها كل هذه الأحكام الجائرة التي نرى آثارها بادية في عموم أحوالنا و لا نهتمّ بالأمر كأنّنا نتعمّد أن نصل بها و بأنفسنا إلى هذه النتائج؟ و لكن أين فقهاؤنا و المتشرّعون منّا ليروا بأعينهم عامة أحوال المسلمين اليوم و ما عسى أن يلزم إصلاحه في التشريع و القضاء؟

إنّ عامة فقهاء الإسلام من سائر القرون، إلاّ ما شذّ، يجنحون إلى العمل بأقوال من تقدّمهم في العصر و لو بمئات السنين و يحكمون بأحكامهم مهما تباينت أحوال

المجتمعات الإسلامية باختلاف العصور. و هم يميلون في أخذ الأحكام إلى تفهّم ألفاظ النصوص و ما تحمل من معنى أكثر بكثير مما يميلون إلى معرفة أوجه انطباق تلك النصوص على حاجات العصر و ما تقتضيه مصلحة المجتمع الحاضر الذي يعيشون فيه. و ما ذلك إلاّ لبعد الصلة بينهم و بين دراسة الأحوال الإجتماعية التي يجتازها المسلمون لمعرفة أوجه الأحكام الصالحة لحياتهم و هذا الجهل الواضح هو الذي منعهم من الشعور بحاجة المسلمين في تطوّر الحكم بتطوّر الحياة فيلجأون إلى تفهّم روح الشريعة و مراميها المملوءة بكنوز الحياة و النجدة لمن يطلبها ... فكان مجموع هذه الأحوال الآتية من تاريخنا مصدراً هائلاً لجمود الفقه و القضاء في الإسلام و القول بانتهاء أمد <u>الإجتهاد</u> فيهما. و بذلك حكمنا على مواهبنا بالعقم و أنفسنا بالموت و على من يحاول منا علاج هذه الحالة أنّه مفسد يحاول حرب الإسلام و نقض الشريعة. و بذلك مكّنّا أعداء الإسلام من الطعن فيه، و أبناءه المحبّين للحياة من الخروج عليه. و هو حالنا اليوم. **<u>فيالنا من</u>** أمّة هلكت بجهلها و جمود علمائها و خداع أشرارها و يا للّه للإسلام الغريب المجهول بين المسلمين!

... و عسى أن نتّعظ بحوادث الزمان فنعالج تهذيب المرأة و تمكينها من حقوقها المشروعة أمام المحاكم كما ينصّ عليه القرآن و يريده دين الإسلام قبل أن نُجبر على ذلك من غيرنا بالطريقة التي يراها ذلك الغير. و ليس هذا ببعيد عند من يتأمّل الحوادث و الأفكار المحيطة بنا ففيها من العظة و الإعتبار <u>لقوم يفقهون</u>.[2]

الطاهر الحداد "إمرأتنا في الشريعة و المجتمع". المجلس الأعلى للثقافة (١٩٩٩) صص ٨٩-٩٣.

ج- <u>إثراء المفردات:</u>

<u>تمرين ٥</u>: إثراء مفردات (في البيت ثم في الصف)

رتّبوا الكلمات التالية في جداول حسب معانيها:

تأمّل	مستوى	اعتبار	شريعة	فكّر	دين	وجه	عظة
درجة	مركز	منصب	خصم	أحكام	سنّة	عبرة	مكانة
شِقّ	جانب	حزب	جهة	تفكّر	ناحية	عقيدة	

[2] An allusion to how the French changed slavery laws in Tunisia.

تمرين ٦: إثراء مفردات و تحليل فقرة (في البيت ثم في الصف)

استبدلوا الكلمات التي تحتها سطر بمرادفات من القائمة التالية.

مقتضيات	يمرّ بـ...	إصلاح	لختلف	تستدعي
يميلون	عظيم	كلمات	أغلبيّة	أهداف

إنّ عامة فقهاء الإسلام من سائر القرون،إلاّ ما شذّ، يجنحون إلى العمل بأقوال من تقدّمهم في العصر و لو بمئات السنين و يحكمون بأحكامهم مهما تباينت أحوال المجتمعات الإسلامية باختلاف العصور. و هم يميلون في أخذ الأحكام إلى تفهّم ألفاظ النصوص و ما تحمل من معنى أكثر بكثير مما يميلون إلى معرفة أوجه انطباق تلك النصوص على حاجات العصر و ما تقتضيه مصلحة المجتمع الحاضر الذي يعيشون فيه. و ما ذلك إلاّ لبعد الصلة بينهم و بين دراسة الأحوال الإجتماعية التي يجتازها المسلمون لمعرفة أوجه الأحكام الصالحة لحياتهم و هذا الجهل الواضح هو الذي منعهم من الشعور بحاجة المسلمين في تطوّر الحكم بتطوّر الحياة فيلجأون إلى تفهّم روح الشريعة و مراميها المملوءة بكنوز الحياة و النجدة لمن يطلبها ... فكان مجموع هذه الأحوال الآتية من تاريخنا مصدراً هائلاً لجمود الفقه و القضاء في الإسلام و القول بانتهاء أمد الإجتهاد فيهما. و بذلك حكمنا على مواهبنا بالعقم و أنفسنا بالموت و على من يحاول منا علاج هذه الحالة أنّه مفسد يحاول حرب الإسلام و نقض الشريعة. و بذلك مكّنّا أعداء الإسلام من الطعن فيه، و أبناءه المحبّين للحياة من الخروج عليه. و هو حالنا اليوم. فيالنا من أمّة هلكت بجهلها و جمود علمائها و خداع أشرارها و يا للّه للإسلام الغريب المجهول بين المسلمين!

تمرين ٧: إثراء المفردات و المعرفة الثقافية (في البيت ثم في الصف)

ترجموا الآيات القرآنية التي وردت في النص.

"اليوم أكملت لكم دينكم و أتممت عليكم نعمتي و رضيت لكم الإسلام دينا".

"لقد خلقنا الإنسان في أحسن تقويم".

"و أن ليس للإنسان إلاّ ما سعى"

"يا أيّها الناس إنّا خلقناكم من ذكر و أنثى و جعلناكم شعوباً و قبائل لتعارفوا إنّ أكرمكم عند اللّه أتقاكم".

د- القواعد:

١- المفعول لأجله

المفعول لأجله, often referred to as the adverb of purpose, actually expresses either the reason or purpose of an act. Look at the following example from the main text:

و خرج من بلاده في هجرة إلى المدينة فراراً من الخطر...

He left his homeland in a migration to Madina in order to flee from danger.

المفعول لأجله is usually an indefinite مصدر in المنصوب. It can, however, take other forms.

ا- مصدراً أو مجموعة ألفاظ أو جملة:

ادّخرت المال احتياطاً. — I saved money out of precaution.

ب- لـ + مصدر معرّف إذا لم يكن المصدر قلبياً — If the masdar does not denote internal thoughts or emotions

أسرعنا للوصول في الموعد. — We hurried so that we would arrive on time.

ج- جاراً و مجروراً:

سافر الوفد في مهمّة. — The delegation traveled in a mission.

Reason and purpose are expressed by additional means. Some are explored below in the expanded expressions section. A common way to express purpose is the following:

د- لـ، كي، حتى + المضارع المنصوب:

جئت كي أتعلّم منك. — I came in order to learn from you.

Although contested by some grammarians, الحال, can express purpose or reason, especially if it is derived from أفعال القلوب, such as رغب، طمع، خاف، رهب، أكبر، أجلّ احتقر, etc. Consider the following two examples where the use of المفعول لأجله and الحال does not make a difference in meaning:

- الحال: جئت راغباً فى معرفتكم.
- المفعول لأجله: جئتُ رغبةً في معرفتكم.

The translation of both of these sentences will be the same: "I came out of a desire to know you".

تمرين ٨: (قواعد و كتابة في الصف أو في البيت)

استخرجوا من النص الأساسي المفعول لأجله و كل حالات التعبير عن السبب أو الغرض.

٢- التوكيد

التوكيد or التأكيد, emphasis, is a very useful rhetorical device. Look at the following sentence from the main text. It uses two emphatic devices: the first is إنّ, indeed or verily, and أجمع, entire or whole.

فإنّ الإصلاح الذي عولجت به هو زجّها في أعماق البيوت محجوبة عن العالم أجمع...

In fact, the so-called reform that women have seen resulted in confining them deep inside their homes and away from the entire world.

التوكيد can be achieved in several ways.

ا- التوكيد اللفظي (التكرار):

The real truth is that we did not recognize you from a distance.

الحق الحقّ أنّنا لم نعرفك من بعيد.

ب- التوكيد المعنوي (إضافة عبارات مثل: كلّ، أجمع، كلا ...)

One does not get all that one wishes for.

ما كلّ ما يتمنى المرء يدركه (المتنبي)

ج- التقديم و التأخير:

Pilgrimage is where our neighbor is headed.

الحجّ يقصد جارُنا.

د- أدوات التوكيد (لام الإبتداء، قد، إنّ، إنّما، بل، نون التوكيد):

The matter did end when she left her position.

لقد انتهى الأمر بعد تخلّيها عن المنصب.

Be sure not to look down upon people.

لا تحتقرنّ الناس.

هـ- القسم (أدوات القسم: واو، لام، باء، تاء):

I swear by God that I did not mean that.

و اللَّه لم أقصد ذلك.

I shall stop him.

لأوقفنّه عند حدّه.

و- التوكيد في النفي (ما أخت كان، لا النافية للجنس):

ما الحياةُ أثناء الحرب سهلةً.	Life during war is definitely not easy.
لا أحدَ كان ينتظر ما حدث.	Absolutely no one was expecting what happened.

ز- المفعول المطلق:

هدّمت القذيفة البيت تهديماً.	The shell destroyed the house completely.

تمرين ٩: (تحليل أسلوب في البيت ثم في الصف)

استخرجوا من النص الأساسي عبارات التوكيد، حددوا نوعها ثم ترجموها إلى الإنجليزية.

هـ- الأسلوب:

عبارات من النص:

١- إذ ذاك (حينذاك، وقتذاك ...) — **Then, at that time**

مثال من النص: و هو أنّ مسألة المرأة **إذ ذاك** لم تكن من أولى المسائل التي يلزم حلّها من كل وجوهها.

٢- طبقَ — **In accordance with**

مثال من النص: جعل حقّ الولاية عليها في الزواج المعمول به اليوم عندنا سبيلاً إلى التحكّم بمستقبلها فيه **طبقَ** مصلحة الأولياء و أغراضهم فيها و في مالها...

٣- سالفاً (سابقاً، آنفاً) — **Previously**

مثال من النص: ... كما بيّنّا **سالفاً.**

٤- عسى (علّ/لعلّ) — **Might**

مثال من النص: فماذا **عسى** أن نرتجي من صلاح المرأة بعد أن أصدرنا عليها كل هذه الأحكام الجائرة...؟

٥- إلاّ ما شذّ (إلاّ ما ندر، إلاّ نادراً) — **Except in rare cases, except rarely**

مثال من النص: إنّ عامة فقهاء الإسلام من سائر القرون، **إلاّ ما شذّ**، يجنحون إلى العمل بأقوال من تقدّمهم في العصر...

٦- يا لـ + ضمير متصل أو اسم + من ...

What, how ... !
(to express exclamation)

مثال من النص: <u>فيالنا من</u> أمّة هلكت بجهلها و جمود علمائها و خداع أشرارها و يا للّه للإسلام الغريب المجهول بين المسلمين!

<u>تمرين ١٠</u>: (ترجمة و كتابة في البيت)

ترجموا الأمثلة المستخرجة من النص ثمّ اكتبوا جملة بكلّ من العبارات الجديدة.

إثراء العبارات:

ا- عبارات الإستدراك و الإستثناء

But	لكنّ
However	إلاّ أنّ، غير أنّ، بيد أنّ
Rather, instead	بل، إنّما
Although, in spite of	رغم، رغم أنّ، بالرغم من، على الرغم من
Despite	مع أنّ، و مع ذلك
Even though	و إن، و لو
Even	حتّى
Even if, even though	حتّى و إن، حتّى و لو
Except	إلاّ، عدا، حاشا، خلا، سوى، غير
Except, with the exception of	باستثناء + اسم/ضمير/مصدر
Regardless of	بغضّ النظر عن
Not to mention, let alone, especially that	ناهيك أنّ

ب- عبارات السبب و النتيجة و الغرض

Cause-s, reason-s	سبب - أسباب، علّة - علل
Factor-s	عامل - عوامل
Because of	بسبب + مضاف إليه
Because	لأنّ

In view of	نظراً لـ...
Considering that	باعتبار أنّ
For, since	إذ، فـ...
Given that, since	بما أنّ
Due to	من جرّاء، بحكم
Result-s	نتيجة - نتائج
Repercussion-s	انعكاس - انعكاسات
Impact, influence-s	أثر - آثار، تأثير - تأثيرات
Consequently, thus	و لذلك
Consequently, thus	و لذا
Thus, therefore, so, consequently	إذن
To lead to, to result in	آل إلى، أدّى إلى
To cause	سبّب، تسبّب في
Goal-s, aim-s	هدف - أهداف
Intention-s, purpose-s, aim-s	قصد/مقصد - مقاصد، نيّة - نوايا
Purpose-s	غرض - أغراض
Purpose-s, goal-s, motive-s	غاية - غايات
In order to	لـ + مصدر، بُغيةَ + مصدر
In order to, so that	حتّى، كي، لـ + المضارع المنصوبِ
With the aim of	بهدف، بغرض، بنيّة، بقصد، قصدَ + مصدر
For the sake of	لأجل + مصدر

و- الكتابة:

تمرين ١١: كتابة بأدوات الربط (في الصف)

ا- اربطوا الجمل التالية مستعملين عبارات الشرح و التدليل و الإستدراك و السبب و النتيجة و الهدف و غيرها من أدوات الربط.

- مدرستان للفكر في مسألة هويّة identity الأدب الفرنكوفوني المكتوب بالفرنسية.
- المدرسة الأولى ترى أنّه أدب عربي.
- المدرسة الثانية تثير أسئلة، على الأقل، في عروبة Arabness هذا الأدب.

- المدرسة الأولى تميل إلى إدراج classification الأدب الذي يكتبه أدباء عرب بالفرنسية في دائرة sphere الأدب العربي.
- لهذه المدرسة حججها الواضحة.
- هذا الأدب بكل أشكاله يصدر عن رؤية view للعالم و للذّات the self.
- هذه الرؤية في صميمها its core عربية.
- مصرية، مغربية، سورية، لبنانية، سعودية...
- هي رؤية نابعة emanating عن ثقافة عربية و وجهة عربية في فهم الأمور.

عن إدوار الخراط "في البحث عن هوية للأدب الفرنكوفوني". العربي ١٠، ٢٠٠١

ب- اكتبوا فقرة مشابهة للفقرة الأولى تصفون فيها المدرسة الثانية حول هوية الأدب الفرنكوفوني. استعملوا أدوات الربط.

كتابة خاتمة

As we have seen with writing introductions, conclusions take many shapes. Nonetheless, a conclusion is expected to summarize the main idea or ideas of the body of the piece; that is, to restate the thesis presented in the introduction. The author might also choose to raise related questions that are worth investigating in the future.

The main text in this chapter by Al-Haddad is the conclusion of the first of two parts of his book. In this first part, he discusses the status of women within Islamic law. In his conclusion, he summarizes his two main ideas, namely that the Qur'an commanded according to the specific historical context in which the Prophet lived and that there are more general principles in Islam, such as equality between all, that supersede specific laws about women's status. Historicizing Islamic law and criticizing traditional scholarship are the two main aims of this part of the book. He ends his conclusion by attacking traditional jurisprudence and warns that, as in the case of slaves, women might be emancipated by a French decree.

Below is a conclusion to the same topic of the sample introduction provided in the previous chapter. Please read it, translate it and pay attention to the different parts it contains.

إنّ المواقع الإجتماعية، كما أوضحنا، لعبت دوراً مهماً في ربيع الثورات العربية غير أنّها لم تكن المساهم الوحيد في نقل المعلومات داخل و خارج البلدان العربية و في تنظيم التظاهرات و الإعتصامات. بالإضافة إلى ذلك فإنّ هذه المواقع ليست من العوامل المسببة لهذه الثورات و إنمّا واحدة من وسائل عديدة استعملها المتظاهرون و الناشطون السياسيون لدفع نسق الإنتفاضات الشعبية. يفضل العديد من العرب تسمية هذه الأحداث بـ "ثورات الكرامة" و في ذلك إشارة واضحة للسبب الرئيسي

الذي أدّى إلى تغلبهم على الخوف و الخروج إلى الشارع. يبقى من الواضح أنّ أشكال الرقابة التقليدية باتت مستحيلة في عصر الإنترنت و الفضائيات و التلفون الخلوي و لعلّ في هذه الحقيقة عبرة لدول أخرى مازالت تكبت حريات مواطنيها و تحاول السيطرة على وسائل الإعلام.

تمرين ١٢: (كتابة في البيت)

أُنسجوا على منوال الخاتمة السابقة و اكتبوا خاتمة لنفس الموضوع الذي كتبتم له مقدمة في الدرس السابق.

للتذكير، هي ذي المواضيع المقترحة:

١- يقول البعض إنّ العولمة اتّخذت في بدايتها شكلاً اقتصادياً تحوّل فيما بعد إلى ظاهرة ثقافية و سياسية.
٢- يرى البعض أنّ انتشار اللغة الإنجليزية في أرجاء العالم يقلّل من رغبة الناطقين بها في تعلّم لغات أجنبية.
٣- تجد البلدان السياحيّة نفسها بين نقيضين: من ناحية أهميّة الدخل من هذا القطاع بالنسبة لدورتها الإقتصادية و من ناحية أخرى تأثير السياح الكبير على الثقافة المحلّية و الموارد الطبيعية. هل يمكن التوفيق بين الإثنين؟

تمرين ١٣: كتابة (في البيت)

أُكتبوا إنشاء (حوالي ٧٠٠ كلمة) حول أحد المواضيع التالية. استعملوا على الأقل عشر كلمات جديدة و ست عبارات و المفعول لأجله و التوكيد و ضعوا تحت كل من هذه الإستعمالات سطراً. استعملوا أدوات الربط. يمكنكم اختيار مواضيع أخرى حسب اهتماماتكم.

ا- دور المواقع الإجتماعية (social media) في ربيع الثورات العربية. (يمكنكم أن تستعملوا المقدمة و الخاتمة من الدرسين السابق و الحالي و أن تكتبوا صلب المقالة).
ب- هل ترون اختلافاً في خصوص مسألة المرأة بين الزمن الذي كتب فيه الطاهر الحداد "امرأتنا في الشريعة و المجتمع" (١٩٢٩) و الوقت الحاضر؟
ج- هل أصبحت الرقابة (censorship) مستحيلة في زمن الفضائيات (satellite TV) و الإنترنت؟
د- يقول بعضهم إنّ وسائل الإعلام الأمريكية و الأوروبية تشنّ حملة

(are waging a campaign) على الإسلام و المسلمين. ما رأيكم في ذلك؟

هـ- كيف تؤثر دراستنا للغات على رؤيتنا للعالم و لذواتنا؟

ز- قراءات إضافية في محور النقد (المرأة):

قاسم أمين «المرأة الجديدة».

ملك حفني ناصف (باحثة البادية) «الحجاب».

سلامة موسى «المرأة ليست لعبة الرجل».

فاطمة المرنيسي «الحريم السياسي».

نوال السعداوي «الوجه العاري للمرأة العربية».

ألفة يوسف «حيرة مسلمة».

Arabic–English Glossary

– ا –

During	إبّانَ
To refuse	أبى – يأبى – إباء
To come	أتى – يأتي – إتيان
Impact, influence-s, trace-s, vestige-s	أثر – آثار
To influence, to impact	أثّر – يؤثّر – تأثير
Impact, influence-s	تأثير – تأثيرات
Influences	مؤثّرات
After, following	إثرَ، على إثرَ
Compensation, salary-ies	أجر – أُجور
Taxi	سيّارة أجرة
Pears	إجّاص
To postpone	أجّل – يؤجّل – تأجيل
Deadline-s	أجل – آجال
The deadline for	آخر أجل لـ
For the sake of	لأجل، من أجل
Finally, recently	أخيراً
To lead to, to result in	أدّى – يؤدّي – تأدية/أداء (إلى)
For, since	إذ
At that time	... ـئذٍ (يومئذٍ، وقتئذٍ...)
If, when	إذا
Suddenly, lo and behold	إذا الفجائية
Thus, therefore, so, consequently	إذن
To record, chronicle	أرّخ – يؤرّخ – تأريخ
Artichoke	أرضي شوكي

Towards	إزاءَ
To support	آزر – يؤازر – مؤازرة
To support each other	تآزر – يتآزر – تآزر
Origin-s	أصل – أُصول
Original	أصلي
Essentially, to begin with	أصلاً
To frame	أطّر – يؤطّر – تأطير
Frame-s, context-s	إطار – أُطر
To write, compose, author	ألّف – يؤلّف – تأليف
Certain	أكيد
To stress, emphasize	أكّد – يؤكّد – تأكيد/توكيد (على)
Certainly	بالتأكيد
To verify, ascertain, make sure	تأكّد – يتأكّد – تأكّد (من)
Not to	ألاّ = أن + لا
Lest	لئلاّ
Except, save	إلاّ
However	إلاّ أنّ
To order	أمر – يأمُر – أمر
Order-s	أمر – أوامر
Matter-s	أمر – أمور
At first	أول الأمر
Prince-s, commander-s	أمير – أمراء
Your Highness, Prince-ss	سموّ الأمير(ة)
To hope	أمل – يأمَل – أمل
Hope-s	أمل – آمال
To contemplate	تأمّل – يتأمّل – تأمّل
If	إن
Even if, even though	و إن
That, indeed, verily	أنّ/إنّ
Because	لأنّ
Nose-s	أنف – أنوف
Pride	أنَفة
To resume	استأنف – يستأنف – استئناف
Elegance	أناقة
Elegant	أنيق
To be elegant, to make oneself elegant	تأنّق – يتأنّق – تأنُّق
Rather, instead	إنّما

Vessel	إناء
Vessel-s, pots and pans	آنية – أواني
To qualify	أهّل – يؤهّل – تأهيل
Qualification-s	مؤهِّل – مؤهِّلات
Educational qualifications, degree-s	مؤهِّلات علمية
Resulted in, ended in	آل – يؤول – أول/مآل إلى
Beginnings	أوائل
You should/ought to	أولى بك أن
To go to (bed, home), to return to	أوى – يأوي – أُويّ/إواء
To go home	أوى البيت
To go to bed	أوى (إلى) الفراش
Email-s	إيميل – إيميلات
Proof-s, miracle-s, verse-s of the Qur'an	آية – آيات
That is, i.e., for, since	أي ...
Any	أيّ، أيّة
Whichever, whoever, regardless of which/who	أيّاً

– ب –

To be a miser/stingy	بخل – يبخَل – بُخل
Stingy	بخيل – بُخلاء
To begin, to start	بدأ – يبدأ – بدء
Beginning-s	بداية – بدايات
In the beginning	في البداية
Principle-s	مبدأ – مبادئ
In principle	مبدئياً
To initiate	بادر – يبادر – مبادرة
Innovation not founded in Islamic law	بِدعة – بِدَع
Ornate	بديع
Ornate literary style that began during the Abbasid period	البديع
To innovate, to create	أبدع – يبدع – إبداع
Instead of	بدلَ
Instead of	بدلاً من
To change, to exchange one thing for another	أبدل – يبدل – إبدال
Housing allowance	بدل سكن
Alternative-s	بديل – بدائل

Body-ies	بدن – أبدان
Fat	بدين
To seem, to appear	بدا – يبدو – بدو/بُدوّ
To squander	بذّر – يبذّر – تبذير
Oranges	بُرتقال
Orange	بُرتقالي
Mail, post	بريد
Email	بريد إلكتروني
Express mail	بريد عاجل
Mail person, post person	ساعي البريد
Post office	مكتب البريد
To be prominent, to emerge	برز – يبرُز – بروز
Prominent	بارز
To grate	برش – يبرُش – برش
Grater	مِبرشة
To slow down, to be slow	بطُؤ – يبطُؤ – بُطء
Slow	بطيء، بطيء الحركة
To be late, to slow something down	أبطأ – يبطئ – إبطاء
Belly-ies	بطن – بُطون
To be skillful	برع – يبرع – براعة
Bulgur, cracked wheat	بُرغل
To bless, to congratulate	بارك – يبارك – مباركة
Blessing-s	بركة – بركات
Our condolences, our sympathies	البركة فيكم
Congratulations	مبروك
Congratulations	ألف مبروك على ...
Thank you (said when congratulated)	اللّه يبارك فيك
To prove, to demonstrate	برهن – يبرهِن – برهنة
Strong evidence, proof-s	بُرهان – براهين
Complexion, skin	بشرة
To be cheerful/good-humored	بشّ – يبِشّ – بشاشة
Cheerful, good-humored	بشوش
Eyesight, vision	بصر – أبصار
Insight, good judgement	بصيرة – بصائر
To see	أبصر – يبصر – إبصار
Onions	بصل

Watermelon	بطّيخ
Duck	بطّ
Potatoes	بطاطا
Hero-es	بطل – أبطال
Heroic	بطولي
To send, to resurrect	بعث – يبعث – بعث
Delegation-s	بِعثة – بِعثات
Delegate, envoy	مبعوث
To scatter	بعثر – يبعثِر – بعثرة
Scattered	مبعثر
After	بعدَ
Shortly after, just after	بُعَيدَ
Dimension-s	بُعد – أبعاد
Somewhat	بعض الشيء
To want, to desire	بغى – يبغي – بُغاء/بُغية
In order to	بُغيةَ + مصدر
Should, ought to	انبغى – ينبغي – إنبغاء (أن)
Parsley	بقدونس
Cow-s	بقرة – بقر/أبقار
Beef	لحم البقر، بقري
To remain	بقِي – يبقى – بقاء
Remainder, rest	بقِيّة – بقايا
To keep	أبقى – يبقي – إبقاء
To remain	تبقّى – يتبقّى – تبقٍّ
To keep, to retain	استبقى – يستبقي – استبقاء
Rather, instead	بل
To be soaked, drenched	تبلّل – يتبلّل – تبلّل
Mind	بال
To pay attention	بالى – يبالي – مبالاة
Indifference, disregard, nonchalance	اللامبالاة
Okra	بامية
Coffee beans	بُنّ
Brown	بُنّي
Violet	بنفسج
Violet, purple	بنفسجي
To build	بنى – يبني – بِناء

To fade, to grow dull	بهت – يبهُت – بهت/بهوت
Dull	باهت
Joy, exuberance	بهجة
Owl-s	بومة – بوم/أبوام
To become, to spend the night	بات – يبيت
However	بَيدَ أنَّ
White	أبيض
Whiteness	بياض
Whiten	ابيضّ – يبيضّ – ابيضاض
To appear	بان – يبان – بيان
To clarify, to explain, to demonstrate	بيّن – يبيّن – تبيين
To become clear	تبيّن – يتبيّن – تبيّن
To disappear, to be absent, to be far	بان – يبين – بين/بينونة
To grow distant, to be far apart/different	تباين – يتباين – تباين
Different, distant	متباين
Between	بين
While, whereas	بينما

– ت –

Translation, biography	ترجم – يترجم – ترجمة
Biography-ies, translation-s	ترجمة – تراجِم
Apples	تُفّاح
To follow, come after, recite the Qur'an	تلا – يتلو – تِلاوة
Dates	تمر
Tamarind seed	تمر هندي
To end, to be completed/done/finished	تمّ – يتمّ – تمام
Completely	تماماً
To complete/finish	أتمّ – يتمّ – إتمام
Mulberry	توت

– ث –

To be anchored, to be proven	ثبت – يثبُت – ثبات
Anchored, proven	ثابت
To prove	أثبت – يثبت – إثبات

Breast-s	ثدي – أثداء
Wealth, fortune-s	ثروة – ثروات
Rich, wealthy	ثريّ – أثرياء
Culture-s	ثقافة – ثقافات
To educate	ثقّف – يثقّف – تثقيف
Educating himself	تثقيف ذاته
Intellectual, educated	مُثقّف
Heavy	ثقيل
Boring	ثقيل الدم
Snow, ice	ثلج
Refrigerator	ثلاّجة
Triangle, triangular	مثلّث
Then	ثُمّ
There is	ثَمّ، ثَمّةَ
Price-s	ثمن – أثمان
Pricy, valuable	ثمين
During	أثناءَ
To exclude	إستثنى – يستثني – استثناء
Except, with the exception of, apart from	باستثناء + اسم/ضمير/مصدر
As	بمثابة
Garlic	ثوم
Clove of garlic	سنّ ثوم

– ج –

Cheese	جِبن، جِبنة
Pickled Halloum cheese	جبنة الحلوم المكدوسة
Forehead-s	جبين – أجبُن/أجبنة/جُبُن
Corpse-s, cadaver-s	جُثّة – جُثث
Corpse-s	جُثمان
You should/ought to	يجدر بك أن
Worthiness, aptitude, merit	جدارة
Deservedly	عن جدارة
Able	جدير
It is worth mentioning that	من الجدير بالذكر أنّ
Wall-s	جِدار – جُدران

To try, to experiment	جرّب – يجرّب – تجريب
Experience-s, experiment-s	تجربة – تجارب
To pull, drag, entail	جرّ – يجرّ – جرّ
Due to	جرّاءَ، من جرّاء
To result from	انجرّ – ينجرّ – انجرار (عن)
To run, happen, occur	جرى – يجري – جري
Carrots	جزر
Body-ies	جسد – أجساد
To embody	جسّد – يجسّد – تجسيد
Body-ies	جسم – أجسام
To be awe-inspiring, majestic, dignified	جلّ – يجُلّ – جلال
Evident, clear	جليّ
To become clear, apparent	تجلّى – يتجلّى – تجلٍّ
To gather	جمع – يجمَع – جمع
All together	جميعاً
Association-s	جمعيّة – جمعيّات
Society-ies	مجتمع – مجتمعات
To reach consensus, to agree unanimously	أجمع – يجمع – إجماع
Beauty	جمال
Beautiful	جميل
Side-s, aspect-s	جانب – جوانب
Aside	جانباً
To avoid	تجنّب – يتجنّب – تجنّب
Heaven-s	جنّة – جنّات
Effort-s	جُهد – جُهود
To strive, exert effort	اجتهد – يجتهد – اجتهاد
Legislating new Islamic laws	الإجتهاد
Diligent	مُجتهد
Neighboring area	جوِار
Next to, neighboring	بجوار
Field-s, area-s	مجال – مجالات
Essence, core, substance	جوهر
Pearl-s, jewelry	جوهرة – جواهِر
In its essence, essentially, in its core	في جوهره
Essential, substantial	جوهري
To come	جاء – يجيء – مجيء

- ح -

Until, even, in order to	حتّى
Even if, even though	حتّى و إن، حتّى و لو
To veil, cover	حجب – يحجب – حجب
Veil, cover	حجاب
Eyebrow-s	حاجب – حواجب
To go on pilgrimage	حجّ – يحُجّ – حجّ
Pilgrim-s	حاج – حجيج
Said when someone returns from pilgrimage	حجّ مبرور (و ذنب مغفور)
Proof-s	حُجّة – حُجج
To protest	احتجّ – يحتجّ – احتجاج (على)
Size-s	حجم – أحجام
In the size of	بحجم
To happen, occur	حدث – يحدُث – حُدوث
Event-s	حدث – أحداث
To talk	حدّث – يحدّث – حديث
The Prophet's sayings	الحديث
Recent, modern	حديث
Modernity	الحداثة
Tale-s	حدّوثة – حدّوثات
Accident-s	حادث – حوادث
To limit, set boundaries, sharpen	حدّ – يحُدّ – حدّ
Limit-s, edge-s, boundary-ies	حدّ – حُدود
To determine, set	حدّد – يحدّد
Sharp	حادّ
To stare	حدّق – يحدّق – تحديق
To defy, to challenge	تحدّى – يتحدّى – تحدٍّ
To warn	حذّر – يحذّر – تحذير
Freedom-s	حرّية – حرّيات
Free	حُرّ – أحرار
To free, emancipate	حرّر – يحرّر – تحرير
Hot, warm, spicy	حارّ
To deprive	حرم – يحرِم – حِرمان
To forbid	حرّم – يحرّم – تحريم
Sanctuary, wife	حَرَم

Harem	حريم
Forbidden by Islamic law	حرام
To respect	احترم – يحترم – احترام
Esteemed, respected, respectable	محترم(ة)
Party-ies	حِزب – أحزاب
To cut, tear a muscle internally, bruise, groove	حَزّ – يحُزّ – حزّ
To calculate	حسب – يحسِب – حساب
To hold accountable, to account for	حاسب – يحاسب – محاسبة
Accountant	محاسب
Computer-s	حاسوب – حواسيب
Regret, remorse	حسرة
To regret	تحسّر – يتحسّر – تحسّر
To be beautiful/good	حسُن – يحسن – حُسن
To improve	حسّن – يحسّن – تحسين
To do good deeds, to do something well	أحسن – يحسن – إحسان
Well done!	أحسنتَ!
To be pleased with, find something to one's liking	استحسن – يستحسن – استحسان
It is better to/that, it is preferable to/that	يُستحسن أن
It is better to/that	من المستحسن أن
Positive aspects, qualities, advantages	محاسِن
To stuff	حشا – يحشو – حشو
Stuffing	حشوة
Stuffed zucchini	كوسة محشي
Apart from, except, save for	حاشا
To avoid	تحاشى – يتحاشى – تحاشٍ
To prohibit, to force an embargo	حظر – يحظر – حظر
Prohibited	محظور
To encourage, give an incentive, urge	حفز – يحفِز – حفز
Incentive-s	حافز – حوافز
To get ready to pounce	تحفّز – يتحفّز – تحفُّز
Right-s	حقّ – حُقوق
Truth-s	حقيقة – حقائق
To rule, judge	حكم – يحكُم – حكم
Sentence-s, judgement-s, rule-s	حُكم – أحكام
Due to, by virtue of	بحكم

To tell a story	حكى – يحكي – حكاية
Story-ies	حكاية – حكايات
To solve, resolve a problem, dissolve	حلّ – يحُلّ – حلّ
Solutions-s	حلّ – حُلول
Allowed by Islamic law	حلال
To become sweet	حلا – يحلو – حلاوة
To have qualities, to be adorned with	تحلّى – يتحلّى – تحلٍّ بـ
Red	أحمر
Redness	حُمرة
To redden, blush	احمرّ – يحمرّ – احمرار
To be zealous, ardent, enthusiastic	تحمّس – يتحمّس – تحمّس
Zealous, ardent, enthusiastic	متحمِّس
Chickpeas, chickpea paste	حمّص
To toast	حمّص – يحمّص – تحميص
To carry	حمل – يحمِل – حمل
Graduate, holding a degree	حامل شهادة
To gaze, stare	حملق – يحملق – حملقة
Wheat	حنطة
To bend	انحنى – ينحني – انحناء
Bend, curve	انحناءة
Need-s	حاجة – حاجات/حاجيات
In need of	بحاجة إلى
As necessary, as needed	حسب الحاجة
To surround, encircle, have good command of	أحاط – يحيط – إحاطة بـ
Wall-s	حائط – حيطان
Around, about	حولَ
Approximately	حوالي
State-s, condition-s	حال – أحوال
As soon as	حالما
Immediately, at once	في الحال، حالاً
Current	حالي
Currently	حاليّاً
To contain	احتوى – يحتوي – احتواء على
Content-s	محتوى – محتويات
Towards	حيالَ
When	حينَ
When	حينما + فعل

Moment-s	حين – أحيان
Whereas, while	في حين
Greet, salute	حيّا – يُحيّي – تحيّة
Greeting-s, salutation-s	تحيّة – تحيّات
Greetings	تحيّة طيّبة

- خ -

Towards the end of, the end	أواخر
Slyness, wickedness	خُبث
Wicked, sly	خبيث
To experience, to know first hand, to have expertise in	خبر – يخبُر – خبرة
Experience, expertise	خِبرة
Expert-s	خَبير – خُبراء
To seal, conclude, stamp	ختم – يختِم – ختم
Conclusion	خاتمة
To conclude, finally	ختاماً
Cheek-s	خدّ – خُدود
Tale-s, imaginary tale-s	خرافة – خرافات
Sheep	خروف – خِرفان
Lamb, mutton	لحم الخَروف
To pierce, violate, breach	خرق – يخرِق – خرق
Rag-s	خِرقة – خِرق
Piercing, unusual, exceptional, outstanding	خارق
To pierce	اخترق – يخترق – اختراق
Violation-s of the law	اختراق – اختراقات للقانون
Lettuce	خسّ
Rough, coarse	خشِن
Roughness, coarseness	خُشونة
To fear	خشِي – يخشى – خِشية
Waist-s	خصر – خُصور
To shorten, to summarize	اختصر – يختصر – اختصار
Summary, synopsis	مختصر
In short	باختصار
Quality-ies in character	خصلة – خِصال
To quarrel, contend, litigate, dispute	خاصم – يُخاصم – خصام
Opponent, party-ies in a dispute	خصم – خُصوم

Green	أخضر
Greenness, lushness	خُضرة
To become green, lush	اخضرّ – يخضرّ – اخضرار
Vegetables	خُضَر/خُضروات
To get engaged/ask for the hand of someone	خطب – يخطُب – خطوبة
Fiancé, speaker, orator	خطيب
Fiancée, speaker, orator	خطيبة
Danger-s	خطر – أخطار
Seriousness, gravity, significance	خطورة
Dangerous, serious, important	خطير
Mind-s, thought-s	خاطر – خواطِر
To pace, step	خطا – يخطو – خطو
Step-s, pace-s	خطوة – خطوات
To step/go/be beyond	تخطّى – يتخطّى – تخطٍّ
To lower	خفض – يخفِض – خفض
To diminish, decrease, go down	انخفض – ينخفض – انخفاض
Low	مُنخفض
Light	خفيف
Funny	خفيف الدم
To be hidden, unseen	خفِي – يخفى – خفاء
Hidden	خفيّ
Mind, conscience	خَلَد
To become pure	خلص – يخلُص – خلوص
Pure, sincere	خالص
Essence, gist	خُلاَصة
To be sincere/faithful/honest	أخلص – يخلص – إخلاص
Sincerely, Yours	المخلص
The most sincere expressions of ...	أخلص عبارات ...
To succeed someone	خلف – يخلِف – خلافة
Khalif-s, successor-s	خليفة – خُلفاء
To differ, disagree, break the law	خالف – يخالف – مخالفة
To differ	اختلف – يختلف – اختلاف
Different	مختلف
To create	خلق – يخلِق – خلق
Values, ethics	خُلق – أخلاق
Creative	خلّاق
During	خلالَ

To dedicate time to, to find time for, to be by oneself	خلا – يخلو – خُلوّ لـ
Except, apart from	(ما) خلا
Devoid of, deserted	خالٍ (من)
Good	خير
Better than	خير من
To give some a choice	خيّر – يخيّر – تخيير
To choose	اختار – يختار – اختيار
Choice-s	خيار – خيارات
Cucumbers	خيار
Horses	خيل، خُيول
To imagine	خال – يخال – خيال
Imaginary	خيالي
To seem	خُيّل لـ ...
Imaginative faculties	مُخيّلة
Vanity	خيلاء

– د –

Molasses	دبس
Chicken	دجاج
Degree-s, grade-s	درجة – درجات
To grasp, catch up, comprehend	أدرك – يدرك – إدراك
To invite	دعا – يدعو – دعوة
Invitation-s	دعوة – دعوات
Invited, guest	مدعُوّ
Invitation card	بطاقة دعوة
Publicity, propaganda	دعاية
To pay, push	دفع – يدفَع – دفع
Cannon-s	مِدفع – مدافع
To bury	دفن – يدفِن – دفن
Buried, hidden	دفين
Dark color	داكن
To guide, to direct, to indicate	دلّ – يدلّ – دلّ
To demonstrate, to prove	دلّل – يدلّل – تدليل
Proof-s, guide-s	دليل – أدلّة
Denotation-s	دلالة – دلالات
Blood	دم – دماء

To be soft	دمِث – يدمَث – دمث
Soft	دمِث
Well-mannered	دمِث الأخلاق
To draw near	دنا – يدنو – دنوّ
To turn, revolve	دار – يدور – دوران
Role-s, turn-s	دور – أدوار
Workshop-s, seminar-s, cycle-s	دورة – دورات
To manage, supervise	أدار – يدير – إدارة
Administration, management	إدارة
Business management	إدارة الأعمال
Director, manager	مُدير
Business manager	مدير أعمال
Director of human resources, director of personnel	مدير شؤون الموظفين
Circle, department	دائرة
Circular, round	دائري، مستدير، مدوّر
Without, below, other	دونَ
To record	دوّن – يدوّن – تدوين
Blog-s	مُدوّنة – مُدوّنات
Debt-s	دَين – دُيون
To be in debt, owe money	تداين – يتداين – تداين
Religion-s	دين – أديان، دِيانة – دِيانات

– ذ –

To save, put aside	ادّخر – يدّخر – ادّخار
Arm-s	ذراع – أذرُع
Chin-s	ذقن – ذُقون
To mention, remember	ذكر – يذكُر – ذِكر
Memory-ies	ذكرى – ذكريات
Commemoration	ذكرى
To remind	ذكّر – يذكّر – تذكير
Diaries	مذكّرة – مذكّرات
Intelligence	ذكاء
Intelligent	ذكيّ
Has	ذو
Has	ذات
Same	ذات (الشيء)

Self-selves	ذات – ذوات
One day, once, one time	ذات يوم، ذات مرّة
To taste	ذاق – يذوق – ذوق
Taste-s	ذوق – أذواق

- ر -

Head-s	رأس – رؤوس
President-s	رئيس – رُؤساء
To see	رأى – يرى – رُؤية
Sight, vision-s	رؤية – رُؤى
Opinion-s, view-s	رأي – آراء
To seem	تراءى – يتراءى – تراءٍ
I suggest, in my opinion	من رأيي أن
Square	مربّع
Salary-ies	راتب – رواتب
To organize, put order into something	رتّب – يرتّب – ترتيب
Tidy	مرتّب
Shabby, torn, worn out	رثّ
Shabby	رثّ الحال/المظهر
Foot-feet	رِجل – أرجل
To hope, implore	رجا – يرجو – رجاء
Hope-s	رجاءً، الرجاء
You are kindly asked to	يُرجى
I hope that	أرجو أن ...
To travel	رحل – يرحَل – رحيل
To mill, grind	رحى – يرحي – رحي
Mill, grinder	رحى
Cheap	رخيص
To respond, react	ردّ – يرُدّ – ردّ
Reply-ies, response-s	ردّ – رُدود
Reaction	ردّ(ة) فعل
Buttock-s	ردف – أرداف
Rice	رزّ
God provides	رزق – يرزق – رزق
Assets, livelihood	رزق – أرزاق
Provider, one of the 99 sacred names of God	رزّاق

Calendar	رزنامة
To send, to dispatch	أرسل – يرسل – إرسال
To write to someone	راسل – يراسل – مراسلة
To correspond	تراسل – يتراسل – تراسل
Letter-s, message-s	رسالة – رسائل
Master's thesis	رسالة الماجستير
Doctoral thesis, dissertation	رسالة الدكتوراه
Letter-s, message-s	مرسول – مراسيل
Messenger-s	رسول – رُسل
Prophet Muhammad	الرسول
Official	رسمي
To nominate a candidate	رشّح – يرشّح – ترشيح
Candidate	مُرشّح
To be a candidate	ترشّح – يترشّح – ترشّح
Candidacy	ترشُّح
To mature, reach legal age	رشد – يرشُد – رُشد
To instruct, to guide	أرشد – يرشد – إرشاد
Instructions	إرشادات
Religious guide, social worker, preacher	مُرشِد
Contentment, acceptance	رَضِي – يرضى – رضا/رضًى
Jar	مرطبان
To quiver, shake, shiver	رعِش – يرعَش – رعَش
Shiver, quiver	رِعشة
To desire, want	رغِب – يرغَب – رغبة
Desire-s	رغبة – رغبات
To entice, make someone desire something	رغّب – يرغّب – ترغيب
Despite	رغمَ
Although, in spite of	رغم أنّ، بالرغم من، على الرغم من
To force someone to do something	أرغم – يرغم – إرغام
To raise, lift	رفع – يرفَع – رفع
Thin, fine	رفيع
To rise	ارتفع – يرتفع – ارتفاع
To accompany, befriend	رافق – يرافق – مرافقة
Companions-s, classmate-s, comrade-s	رفيق – رفاق
To enclose	أرفق – يرفق – إرفاق
Enclosed	مُرفق
Neck-s	رقبة – رِقاب

To ride, mount	رِكب – يركَب – ركوب
Rider-s, passenger-s	راكب – رُكّاب
Knee-s	ركبة – رُكب
To focus	ركّز – يركّز – تركيز
Center-s	مركز – مراكز
Rubble	رُكام
To pile up	تراكم – يتراكم – تراكم
Ash	رماد
Gray	رمادي
Ash Wednesday	أربعاء الرماد
To glance	رمق – يرمُق – رمق
Pomegranate	رُمّان
To cast, throw	رمى – يرمِي – رمي
To fear, to be awed	رهِب – يرهَب – رهبة
Awesome, great	رهيب
To make someone fear, to threaten	رهّب – يرهّب – ترهيب
Current	راهِن
To be in demand, to sell well	راج – يروج – رواج
Rest, comfort	راحة
Peace of mind	راحة البال
To rest	ارتاح – يرتاح – ارتياح
Wonderful	رائع
Masterpiece-s	رائعة – روائع
To irrigate, quench	روى – يروي – ريّ
To tell a story	روى – يروي – رواية
Novel-s, story-ies	رواية – روايات
Storyteller-s, narrator-s	راوٍ/راوية – رُواة
Novelist	رِوائيّ

- ز -

Raisins	زبيب
Butter	زبدة
To move, make something budge	زحزح – يزحزح – زحزحة
To budge	تزحزح
To sprinkle	زخّ – يزُخّ – زخّ
Rain shower-s	زخّة – زخّات المطر
Blue	أزرق

To claim	زعم – يزعم – زعم
To wed	زفّ – يزُفّ – زفّ
Bride and groom procession	زفّة
Wedding	زفاف
Tasteful, delicious, wholesome	زكيّ
Most wholesome, most tasteful	أزكى
Flower-s	زهرة – زُهور
Pink	زهري
To flourish	ازدهر – يزدهر – ازدهار
Joy, exuberance	زهو
Corner-s, angle-s, Sufi shrine-s	زاوية – زوايا
Increase	زاد – يزيد – زيادة
More, additional	المزيد من

– س –

To curse, take in vain	سبّ – يسُبّ – سبّ
Reason-s, cause-s	سبب – أسباب
Because of	بسبب + مضاف إليه
To cause	سبّب – يسبّب – تسبيب
To cause	تسبّب – يتسبّب – تسبّب في
To precede, outrun	سبق – يسبِق – سبق
Race-s	سِباق – سِباقات
Precedent-s, previous conviction-s	سابقة – سوابق
Precedence	أسبقيّة
My rand mother	سذي، متّي
To record	سجّل – يسجّل – تسجيل
To fit with	انسجم – ينسجم – انسجام
To imprison	سجن – يسجُن – سِجن
Prison-s	سِجن – سُجون
Prisoner-s	سَجين – سُجناء
To practice magic, to enchant, bewitch	سحَر – يسحَر – سِحر
Sorcerer-s, wizard-s, magician-s	ساحر – سحرة
Charming, enchanting, bewitching, magical	ساحِر
To be ironic, deride, make fun of	سخر – يسخَر – سُخرية
Ironically	من سُخرية القدر
Ironic, deriding, mocking	ساخر

To narrate	سرَد – يسرِد – سرد
Narrative	سرديّة
To make happy, please	سرّ – يسُرّ – سرور
Happy occasion-s	مسرّة – مسرّات
I am happy to	يسرّني أن
Secret-s	سرّ – أسرار
To speed up, quicken	سرُع – يسرُع – سُرعة
Fast, quick	سريع، سريع الحركة
To hasten	أسرع – يسرع – إسراع
To be rash/hasty	تسرّع – يتسرّع – تسرّع
Roof-s, surface-s, flat surface-s	سطح – أسطُح/سطوح
Superficial	سطحي
Flat, leveled	مسطّح
Myth-s, legend-s	أُسطورة – أساطير
To be happy/overjoyed	سعِد – يسعَد – سعادة
To make happy	أسعد – يسعد – إسعاد
I am happy to, I am pleased to …	يسعدني أن …
Price-s	سعر – أسعار
To strive	سعى – يسعى – سعي
Ambassador-s	سفير – سفراء
Mr./Madam Ambassador	سعادة السفير(ة)
Embassy-ies	سفارة – سفارات
Quince	سفرجل
To fall	سقط – يسقُط – سقوط
To irrigate, water, pour/offer a drink to someone	سقى – يسقي – السقي
To be still, settle down, dwell, live	سكن – يسكُن – سكن/سكينة
Calm, quiet	ساكن
Inhabitant-s, dweller-s	ساكن – سُكّان
Dwelling-s	مسكن – مساكن
Knife-ves	سكّين – سكاكين
Negatively	سلباً
Negative	سلبيّ
Negative aspects, drawbacks	سلبيّات
To boil food	سلق – يسلُق – سلق
Boiled	مسلوق
Plant from the collard green family	سلق

To precede	سلف – يسلُف – سلف
Predecessor-s	سلف – أسلاف
Previously, in advance	سلفاً
To lend	سلّف – يسلّف – تسليف/سُلفة
To borrow	استلف – يستلف – استلاف
Lineage, genealogy	سليلة – سلائل، سُلالة – سُلالات
To be safe/sound/healthy	سلِم – يسلَم – سلم/سلامة
Peaceful, pacifist	سِلميّ
Get well	سلامتك
Welcome back	الحمد لله على السلامة
To greet with peace	سلّم – يسلّم – تسليم/سلام
Peace, greeting	سلام
To have a truce/a peace treaty	سالم – يسالم – مسالمة
Pacifist	مسالم
To forget, be distracted	سلا – يسلو – سُلوان
To entertain, distract	سلّى – يسلّي – تسلية
Entertaining, funny	مُسلٍّ
To allow, permit	سمح – يسمَح – سماح
Kindness, forgiveness	سماح، سماحة
Dark complexioned	أسمر
Darkness of complexion	سُمرة
To tan, become darker	اسمرّ – يسمرّ – اسمرار
Reputation	سُمعة
Spice made from rhus/sumac plant	سُمّاق
Fish	سمك
Fish-es	سمكة – سمكات/أسماك
Thickness	سماكة
Thick	سميك
Ghee	سمن، سمنة
Fat	سمين
To occur, to become possible	سنح – يسنَح – سُنح
A good opportunity	فرصة سانحة
To legislate laws, establish conventions	سنّ – يسنّ – سنّ
Law-s, tradition, conventions	سنّة – سُنن
The life of the Prophet as an example of behavior	السنّة النبويّة
Tooth-teeth	سنّ – أسنان
Year-s	سنة – سنون/سنين، سنوات

To gaze into the distance, be absent-minded	سهم – يسهَم – سهوم
To worsen	ساء – يسوء – سوء
Bad	سيّء
Shortcomings, disadvantages	مساوئ
Black	أسود
Blackness, darkness	سواد
To darken, blacken	اسودّ – يسودّ – اسوداد
Draft-s	مسودّة – مسودّات
Qur'anic chapter-s	سورة – سُوَر
Leg-s	ساق – سيقان
Except	سِوى
Equally	سَواء، على حدّ السواء
Whether ... or ...	سواء ... أم ...
Together	سويّاً، سويّةً
Straight	سويّ
To hold equal	ساوى – يساوي – مساواة
To be equal	تساوى – يتساوى – تساوٍ
Level-s	مستوى – مستويات
Sir/Madam	سيدي/سيدتي
To walk, move	سار – يسير – سير
Epic poems	سيرة – سِيَر
The biography of the Prophet	السيرة النَبوية
Autobiography	سيرة ذاتية
CV, résumé	سيرة مهنية

- ش -

To be pessimistic	تشاءم – يتشاءم – تشاؤم
Pessimist	متشائم
Covered ground, leading distance	شأو
Youth-s	شاب – شُبّان
Youth, youngsters, young men	شباب
To latch onto, to cling to	تشبّث – يتشبّث – تشبّث بـ
Similarity-ies, resemblance-s	شبَه
Quasi-, almost	شبه + اسم
To liken	شَبّه – يشبّه – تشبيه
To resemble	شابه – يشابه – مشابهة

To resemble	أشبه – يشبه – إشباه
To resemble each other	تشابه – يتشابه – تشابه
Similar	متشابه
Similar to, resembling	شبيه بـ
Resembles more, is rather like	أشبه بـ
To curse, insult	شتم – يشتِم – شتم
Curse-s, insult-s	شتيمة – شتائم
Fat, grease	شحم
Person-s	شخص – أشخاص
Character-s, personality-ies, prominent personality-ies	شخصية – شخصيّات
To personify, give a prognosis	شخّص – يشخّص – تشخيص
To grip, to be tense	شدّ – يشُدّ – شدّ
Hardship, toughness, intensity	شدّة
Strong, intense, tough	شَديد – أشدّاء
To be strict/tough/severe	تشدّد – يتشدّد – تشدّد
To begin	شرع – يشرَع – شُروع
Law, religious law, Islamic law	شرع، شريعة
Legitimate, legal	شرعيّ
Legitimacy	شرعيّة
To legislate	شرّع – يشرّع – تشريع
Honor, nobility	شرف
Noble, honorable, descendant-s of the Prophet	شريف – شرفاء
To honor	شرّف – يشرّف – تشريف
I am honored to, it is my honor to	يشرفني أن ...
Company-ies	شركة – شركات
To participate, share, partner with	شارك – يشارك – مشاركة
To share, to have something in common	تشارك – يتشارك – تشارك
Hair	شَعر
Poetry	شِعر
Poet-s	شاعر – شُعراء
Collection-s of poetry	ديوان – دواوين شعر
Line-s of poetry	بيت – أبيات شعر
Barley	شعير
Lip-s	شفة – شفاه
Oral, verbal	شفوي/شفهي

To cure, heal	شفى – يشفي – شفاء
To be cured/heeled	شُفي – يشفى
We wish you a speedy recovery	نتمنّى لكم الشفاء العاجل
Blond-s	أشقر – شُقر
Blonde-s	شقراء – شقراوات
To slit, cut open, crack	شقّ – يشُقّ – شقّ
Crack-s, fissure-s, side-s in a debate or disagreement	شِقّ – شقوق
Sibling-s, brother-s, twin-s	شقيق – أشقّاء
Hard, arduous, difficult	شاقّ
Difficulty, arduousness	مشقّة
To thank	شكر – يشكُر – شكر
Thanking card/note	بطاقة شكر
Expressions of gratitude, thanks	عبارات الشكر
Immense gratitude, many thanks	جزيل الشكر
Please accept our sincerest expressions of gratitude	تقبلوا منا أصدق عبارات الشكر
To complain	شكا – يشكو – شكوى
To pick up a fight, to quarrel	شاكس – يشاكس – مشاكسة
Quarrelsome, belligerent	مشاكس
To doubt, suspect	شكّ – يشُكّ – شكّ
Undoubtedly, without a doubt	بلا شكّ، بدون شكّ
Without the slightest doubt	بلا/بدون أدنى شكّ
Shape-s, form-s	شكل – أشكال
Formal, nominal, pro forma	شكلي
To form, constitute	شكّل – يشكّل – تشكيل
Issue-s, ambiguity-ies	إشكال – إشكالات
Cantaloupe	شمّام
Beets	شمندر
To witness	شهد – يشهَد – شهادة
Witnessing, martyrdom, one of the five pillars of Islam	شهادة
Martyr-s	شهيد – شُهداء
Scene-s	مشهد – مشاهد
To see, watch, witness	شاهد – يشاهد – مشاهدة
Witness-es	شاهد – شهود
Evidence, proof-s	شاهد – شواهد

To mix, blemish	شاب – يشوب – شوب
Mixed with, fraught with	مشوب بـ
Blemish-es, flaw-s	شائبة – شوائب
Flawless, perfect, unblemished	لا تشوبه شائبة
To consult	شاور – يشاور – مشاورة
Consulting, counseling in Islamic tradition	شورى
To consult with	تشاور – يتشاور – تشاور (مع)
To give someone counsel or, to advise	أشار – يشير – إشارة على شخص بـ + مصدر/اسم/بأن/أن
To consult with, to seek counsel	استشار – يستشير – استشارة
Journey-s, path-s	مِشوار – مشاوير
Screen-s	شَاشة – شاشات
Yearning-s, longing	شوق – أشواق
To yearn/long for, miss	اشتاق – يشتاق – اشتياق
Thorn-s, fork-s	شوكة – أشواك/شُوك
To grill	شوى – يشوي – شيّ
Grilled meat	شِواء/مشوي – مشاوٍ
To will, want	شاء – يشاء – مشيئة
Sheikh-s, elder-s, scholar-s, leader-s	شيخ – شيوخ
Your Honor, Honorable Sheikh	فضيلة الشيخ
Personal quality-ies	شيمة – شِيَم

– ص –

To be patient	صبر – يصبُر – صبر
To wait impatiently	انتظر بفارغ الصبر
Patient	صبور
Finger-s, toe-s	إصبع – أصابع
Health	صِحّة
To your health	صحّة، صحّتين، صحّتين و عوافي، بالصحّة و العافية
Plate-s, courtyard-s	صحن – صُحون
Clamor, din, noise	صخب
Noisy	صاخب
To be issued, published	صدر – يصدُر – صدور
Chest-s, forefront-s	صدر – صُدور
To be truthful/sincere	صدق – يصدُق – صِدق
To believe	صدّق – يصدّق – تصديق

Charity	صدقة – صدقات
To befriend	صادق – يصادق – مصادقة/صداقة
To approve, to pass a law	صادق على
Friendship-s	صداقة – صداقات
Creaking, squeaking	صرير
To spend money	صرف – يصرِف – صرف
Expense-s, allowance-s	مصروف – مصاريف
To behave, handle	تصرّف – يتصرّف – تصرّف
Behavior-s	تصرُّف – تصرُّفات
Yellow, pale	أصفر
Yellowness, paleness	صُفرة
To become yellow/pale	اصفرّ – يصفرّ – اصفرار
To be clear/pure	صفا – يصفو – صفو
To strain, filter	صفّى – يصفّي – تصفية
Filter-s, strainer-s, oil refinery-ies	مصفاة
Solid, hard, firm	صَلب
Hardness, firmness, solidity	صلابة
At the heart of, the crux of	في صُلب
Picture-s	صورة – صُور
Formal, nominal, just for show	صوري
To picture, depict	صوّر – يصوّر – تصوير
To imagine	تصوّر – يتصوّر – تصوّر
To hunt, fish	اصطاد – يصطاد – اصطياد
Hunter-s, fisherman-men	صيّاد

- ض -

Insignificance, dearth	ضآلة
Insignificant, faint, minute	ضئيل
Victim-s	ضحيّة – ضحايا
To sacrifice	ضحّى – يضحّى – تضحِية
Suburb-s	ضاحية – ضواحٍ
Against	ضِدَّ
Opposite-s, antonym-s	ضدّ – أضداد
To hit, strike	ضرب – يضرِب – ضَرب
To cite an example	ضرب مثلاً
Type-s, kind-s	ضرب – ضُروب

Tax-es	ضريبة – ضرائب
To contradict	تضارب – يتضارب – تضارب
Contradiction-s	تضارب – تضاربات
Weakness	ضعف
Weak point-s	نقطة – نقاط الضعف
Weak	ضعيف
Shore-s, bank-s	ضفّة – ضفاف
To be slim, thin	ضمُر – يَضمُر – ضمور
Slim, thin	ضامر
Conscience, pronoun-s	ضمير – ضمائر
To secure, guarantee, insure	ضمن – يضمَن – ضمان
Health insurance	ضمان صحي
Social security	ضمان اجتماعي
To enclose, include, imply	ضمّن – يضمّن – تضمين
Content-s	مضمون – مضامين
To include, embrace someone, annex	ضمّ – يضُمّ – ضمّ
To join	انضمّ – ينضمّ – انضمام إلى
To be equal to	ضاهى – يضاهي – مضاهاة
Equal to	مُضاهٍ لـ ...
To be lost, wander off	ضاع – يضيع – ضياع
To be tight/narrow	ضاق – يضيق – ضيق
To be fed up with, exasperated with	ضاق بـ ...
Narrowness, tightness, hardship	ضيق
Narrow, tight	ضيِّق
To add	أضاف – يضيف – إضافة

– ط –

To stamp, print, press	طبع – يطبَع – طبع/طِباعة
Postal stamp-s	طابع بريدي – طوابع بريدية
Form-s, hard copy-ies, typescript-s	مطبوعة – مطبوعات
Character-s	طبع – طِباع
Naturally, of course	طبعاً
Nature	طبيعة
In accordance with	طِبقَ
Stratum-strata, social class-es, layer-s	طبقة – طبقات
To apply	طبّق – يطبّق – تطبيق

To juxtapose	طابق – يطابق – مطابقة
Use of a word and its antonym, antithesis, counterpoint	طِباق
To juxtapose, be in line with	تطابق – يتطابق – تطابق
In line with, in agreement with, corroborating	متطابق
To mill, grind	طحن – يطحَن – طحن
Flour	طحين
Sesame paste	طحينة
Mill-s	طاحون/طاحونة – طواحين
To be ecstatic, transported by music or poetry	طرِب – يطرَب – طرب
To expel	طرد – يطرُد – طرد
To chase	طارد – يطارد – مُطاردة
Funny, witty or rare anecdote-s	طُرفة – طُرف
Funny, interesting	طريف
Method-s, way-s, manner-s	طريقة – طُرق
Method of preparation	طريقة التحضير
To dominate, predominate, be tyrannical	طغى – يطغى – طغي/طُغيان
Tyrant-s	طاغٍ/طاغية – طُغاة
To rise, climb, ascend	طلع – يطلُع – طلوع
Beginning-s, opening-s of a poem or a song	مطلع – مطالع
To anticipate, look forward to	تطلّع – يتطلّع – تطلّع إلى
To request, seek	طلب – يطلُب – طلب
Application-s, request-s	طلب – طلبات
To demand	طالب – يطالب – مطالبة
Shot-s	طلقة – طلقات
To divorce	طلّق – يطلّق – طلاق
To appear, to peek	أطلّ – يطلّ – إطلال
To reassure	طمأن – يطمئن – طمأنة
To feel reassured, to be tranquil	اطمأنّ – يطمئنّ – اطمئنان
Tranquility, safety	طُمأنينة
Tomatoes	طماطم
Cooking pot-s	طنجرة – طناجر
To be long	طال – يطول – طول
Long	طويل
Throughout	طوالَ، طيلةَ
As long as	طَالما

To prolong, drag, lengthen	أطال – يطيل – إطالة
Rectangle, rectangular	مستطيل
To be tasty/flavorful, kind	طاب – يطيب – طيبة
Kind, flavorful, good, fine	طيّب
To find savory/flavorful	استطاب – يستطيب – استطابة

- ظ -

Envelope-s, circumstance-s, adverb-s	ظرف – ظروف
Witty, likeable	ظريف – ظرفاء
Nail-s	ظفر – أظافر
To appear	ظهر – يظهَر – ظهور
Appearance-s	مظهر – مظاهر
Phenomenon-a	ظاهرة – ظواهر
To feign, pretend	تظاهر – يتظاهر – تظاهر بـ ...
Back-s	ظَهر – ظُهور

- ع -

To worship	عبد – يعبُد – عِبادة
Slave-s	عبد – عبيد
To cross	عَبر – يعبُر – عبور
Through, across	عبر
Lesson-s, moral-s	عِبرة – عِبَر
Expression-s	عِبارة – عبارات
Consisting of, which in fact is	عِبارة عن
To express	عبّر – يعبّر – تعبير
To consider, respect, learn a lesson	اعتبر – يعتبر – اعتبار
Considering that	باعتبار أنّ
To be ill-tempered/grumpy, frown, sulk	عبس – يعبَس – عُبوس
Ill-tempered, grumpy	عبوس
To please, to be liked	أعجب – يعجب – إعجاب
Calf-ves	عِجل – عُجول
Veal	لحم العجل
To count, consider	عدّ – يعُدّ – عدّ
Number-s	عدد – أعداد
To enumerate	عدّد – يعدّد – تعديد/تعداد
Census	تعداد

To prepare something	أعدّ – يعدّ – إعداد
To multiply	تعدّد – يتعدّد – تعدّد
Pluralism	تعدُّديّة
To get ready, prepare oneself for	استعدّ – يستعدّ – استعداد لـ ...
Lentils	عدس
Lentil soup	شوربة عدس
To be just/fair	عدل – يعدِل – عدل
Justice	عدل، عدالة
Just, fair	عادل
To amend, adjust	عدّل – يعدّل – تعديل
Amendment-s, adjustment-s	تعديل – تعديلات
To equate, to equal	عادل – يعادل – معادلة
Equation-s	مُعادلة – مُعادلات
To be equal to one another, to tie in a game	تعادل – يتعادل – تعادل
To be moderate, to adjust one's posture or position	اعتدل – يعتدل – اعتدال
Moderate, temperate	معتدل
To feel animosity towards someone	عادى – يعادي – عِداء/عداوة
Enemy-ies	عدُوّ – أعداء
Belligerent, bellicose	عدائي
Except	عدا، ماعدا
Contagion	عدوى
Sweet, exquisite, tasteful	عَذب
Sweetness, tastefulness	عُذوبة
Wedding-s	عُرس – أعراس
Groom	عريس
Bride	عروس
Bride-s and groom-s	عرسان
To exhibit, display, offer	عرض – يعرِض – عرض
Width, honor, reputation	عرض
Wide	عريض
Offer-s	عرض – عُروض
To expose, discredit, attack someone's honor	عرّض – يعرّض – تعريض
To oppose	عارض – يعارض – معارضة
Opposing	معارض
Opposition	معارضة
To be subjected to, exposed to	تعرّض – يتعرّض – تعرّض لـ ...
To conflict, to oppose one another	تعارض – يتعارض – تعارض

To get to know one another	تعارف – يتعارف – تعارُف
Ancient, with a long history and pedigree	عريق
With the longest history, with the greatest pedigree	أعرق
To be dear, valuable, hard to get	عزّ – يعُزّ – عزّ
Dear	عزيز – أعِزّاء
Dear ...	عزيزي، عزيزتي، أعزّائي
Glory	عزّ
Pride, self-esteem	عِزّة
To isolate	عزل – يعزِل – عزل
To seclude oneself	انعزل – ينعزل – انعزال
Seclusion, isolation	عُزلة
To offer condolences	عزّى – يعزّى – تعزية
Condolence-s	تعزية – تعازٍ
Please accept our sincerest condolences	تقبّلوا منا أصدق التعازي
To be difficult/hard	عسُر – يعسُر – عُسر
Difficult, hard	عسير
Wrist-s	معصم – معاصِم
To give	أعطى – يعطي – إعطاء
Beseech, beg, beckon	استعطى
To become great	عظُم – يعظُم – عِظم
Great	عظيم
Great, greatest	أعظم/عُظمى
Bone-s	عظم – عظام
To forgive, pardon	عفا – يعفو – عفو
Good health	عافية
To your health	عوافي، بالصحة و العافية
After	عقِب، في أعقاب
To tie a knot, sign a contract, hold a meeting or session	عقد – يعقِد – عقد
Contract-s, necklace-s, decade-s	عقد – عُقود
Faith-s, creed-s	عقيدة – عقائد
To believe, think that	اعتقد – يعتقد – اعتقاد
Infertile, barren	عاقر
To curve, bend	عقف – يعقِف – عقف
Curved, bent	معقوف
Quotation marks	معقّفين
Mind-s	عقل – عُقول
Mature, sensible, reasonable	عاقل

To reflect	عكس – يعكِس – عكس
Opposite	عكس
On the contrary	بالعكس
To go against, harass	عاكس – يعاكس – معاكسة
Opposite, counter	معاكس
To reflect on, have repercussions on	انعكس – ينعكس – انعكاس (على)
Repercussion-s	انعكاس – انعكاسات
Cause-s, reason-s	علّة – علل
To know	عَلِم – يَعلَم – علم
Science-s, knowledge	علم – علوم
Scientist-s, scholar-s	عالم – علماء
Scholars of religion	علماء الدين
All-knowing, one of the 99 sacred names of God	عليم
Piece-s of information, data	معلومة – معلومات
For more information	للمزيد من المعلومات
Instructions, orders, directions	تعليمات
To inform	أعلم – يعلم – إعلام
The news media	الإعلام
To announce	أعلن – يعلن – إعلان
Announcement-s, advertisement-s	إعلان – إعلانات
To rise, to prevail	علا – يعلو – علوّ
High	عالٍ
In addition to, on top of	علاوة على
You have to, it is upon you to	عليك أن/بـ + مصدر/اسم
To rely on, depend on, count on	اعتمد – يعتمد – اعتماد (على)
Self-reliance	الإعتماد على النفس
Factor-s	عامل – عوامل
Generally, mostly	عامةً، عموماً، في/على العموم
Grapes	عِنب
To have, at	عِند
When	عندما
To be stubborn, contend/insist stubbornly	عاند – يعاند – عِناد/معاندة
Stubborn	عنيد
Element-s, race-s	عُنصر – عناصر
Racism	عُنصريّة
Neck-s	عُنق – أعناق

Address-es	عنوان – عناوين
Hardship, strenuousness	عناء
To suffer	عانى – يعاني – معاناة
To mean, to be significant/important	عنى – يعني – معنى
Meaning-s	معنى – معانٍ
To take care of, pay attention to	اعتنى – يعتني – اعتناء/عناية بـ ...
To be used to, know	عهد – يعهَد – عهد
Promise-s, oath-s, era-s	عهد – عُهود
To be bent/crooked	اعوجّ – يعوجّ – اعوجاج
Bent, crooked	معوجّ
Year-s	عام – أعوام
Lit. may you be well every year, happy new year	كل عام و أنتم بخير
Lit. may you be safe every year, happy new year	كل عام و أنتم سالمون
May you be well every year, season's greetings	كل عام و أنتم طيبون
To criticize, blame, discredit	عاب – يعيب – عيب
Shame, defect-s, shortcoming-s	عيب – عُيوب
Holiday-s	عيد – أعياد
National holiday	عيد وطني
Religious holiday	عيد ديني
To celebrate a holiday, to give holiday greetings	عيّد – يُعيّد – تعييد
Happy Holiday	عيد مبارك
Happy birthday	عيد ميلاد سعيد
Eye-s, spring-s	عين – عُيون
To appoint	عيّن – يعيّن – تعيين
To inspect, witness	عاين – يعاين – معاينة

- غ -

Dust	غُبار
To congratulate, to feel good about, to envy someone	غبط – يغبِط – غبط/غِبطة
Glee, delight	غِبطة
Stupidity	غباء
Stupid	غبيّ
Pattern, manner, way	غِرار
In this way/manner	على هذا الغرار
Purpose-s	غرض – أغراض
With the aim of	بغرض

غُرور	Vanity, conceit
مغرور	Vain
أغرى – يغري – إغراء	To attract, seduce, entice
مُغرٍ	Attractive
غضّ – يغُضّ – غضّ (النظر، البصر)	Ignore, overlook, turn the blind eye
بغضّ النظر عن	Regardless of
غضَن – غُضون	Cracks, wrinkles, gaps
في غضون	Within a time frame, during, interim
غلُظ – يغلُظ – غِلظ/غلاظة	To be thick/rough/unrefined
غليظ	Thick object, rough and unrefined person
غلّف – يغلّف – تغليف	To wrap, cover
غلاف – غلافات	Cover-s
مغلّف – مغلّفات	Envelope-s
غالٍ	Expensive, dear
غلاء	High cost, costliness
غامق	Dark color
غنيّ – أغنياء	Rich, wealthy
غِنى	Wealthiness, richness
غير	Other, non-, un-, in-, dis- …
غير أنّ	However
غيّر – يغيّر – تغيير	To change, alter something or someone
تغيّر – يتغيّر – تغيّر	To change
مغاير لـ …	Different from …
غاية – غايات	Purpose-s, motive-s
لغاية	For the purpose of, until

– ف –

فـ	Thus, as a result, then, immediately after
فؤاد – أفئدة	Heart-s
تفاءل – يتفاءل – تفاؤل	To be optimistic
متفائل	Optimistic
فاتِح	Light color
فتى – فِتيان	Youth-s, young man-men
فتاة – فَتيات	Young woman-women
فجأةً	Suddenly
فاجأ – يفاجئ – مفاجأة	To surprise

Gist, substance	فحوى
Thigh-s	فخذ – أفخاذ
Pride	فخر – يفخَر – فخر
Proud	فخور
Luxurious	فاخر
Relief, solution, outlet	فرَج
To watch a spectacle	تفرّج – يتفرّج – تفرّج
Spectacle	فُرجة
To rejoice	فرِح – يفرَح – فرح
Wedding-s	فرح – أفراح
Joy, happiness	فرح، فرحة
Heaven, Eden	فردَوس
To scrutinize, stare at	تَفرّس – يتفرّس – تفرّس (في)
Opportunity-ies	فُرصة – فُرص
Difference-s, discrepancy-ies	فرق/فارق – فُروق/فوارق
Team-s, group-s, division-s	فريق – فرَق
To divide	فرّق – يفرّق – تفرِقة
To part with, leave, be apart from	فارق – يفارق – فِراق
Paradox-es	مُفارقة – مفارقات
Stove-s, oven-s	فُرن – أفران
Baker	فرّان
Spacious	فسيح
Bezel-s, lobe-s, segment-s	فصّ – فصوص
To separate, fire, adjudicate	فصل – يفصِل – فصل
To withdraw, part with, break up with	انفصل – ينفصل – انفصال عن
Bean-s, string beans	فاصوليا
God's grace, merit, benefaction	فضل – أفضال
To prefer, favor	فضّل – يفضّل – تفضيل
It is preferred to, it is preferable that	يُفضّل أن
Preference is given to	الأفضليّة لـ ...
To graciously do something	تفضّل – يتفضّل – تفضّل بـ ...
Please accept	تفضّلوا بقبول
Your Grace, Honorable Sheikh	فضيلة الشيخ
Curiosity	فُضول
Curious	فضولي
To finish, complete, be empty/dull	فرغ – يفرَغ – فراغ من

فقد – يفقِد – فقد/فقدان	To lose, to lack
افتقد – يفتقد – افتقاد	To lack, to miss
مُفتقد	Absent/missing/lacking
فقِه – يفقَه – فقه	To comprehend, grasp, understand
فقه	Jurisprudence
فقيه – فُقهاء	Jurisprudent, a scholar of Islamic law
فِكر	Intellect, thought
فكّر – يفكّر – تفكير	To think
مفكّر	Thinker, intellectual
تفكّر – يتفكّر – تفكّر	To meditate, ponder, contemplate
أفلح – يُفلِح – إفلاح	To succeed
فلطح – يفلطح – فلطحة	To flatten, squash
مُفلطح	Flat, flattened
فلفل	Peppers
فلفل أحمر	Red pepper, paprika
فلفل أسود	Black pepper
فم – أفواه	Mouth-s
فِنجان – فناجين	Tea or coffee cup-s
فنِي – يفنى – فناء	To perish, end, be annihilated
فهرس – يفهرِس – فهرسة	To index
فهرس – فهارِس	Index-es, table-s of contents
فهِم – يفهَم – فهم	To understand
مفهوم – مفاهيم	Notion-s, definition-s
فات – يفوت – فوات	To pass
فات الأوان، بعد فوات الأوان	Too late
تفاوت – يتفاوت – تفاوت	To be unequal, disparate
متفاوت	Unequal, disparate
فوراً، على الفور	Immediately, at once
فوضى	Chaos, mayhem, anarchy
فوضوي	Chaotic, disorganized, messy
فاق – يفوق	To surpass, exceed
فائق الإحترام	Highest esteem
تفوّق – يتفوّق – تفوّق (على)	To excel, prevail over
فائدة – فوائد	Benefit-s, profit-s, interest-s
أفاد – يفيد – إفادة	To benefit someone or something
مفاد	Gist
استفاد – يستفيد – استفادة من	To benefit/profit from

- ق -

Ugliness	قُبح
Ugly	قبيح
Before	قبلَ
Just before, shortly before	قُبيلَ
To accept	قبِل – يقبل – قبول
To meet, face	قابل – يقابل – مقابلة
Meeting-s, interview-s, sports match-es	مُقابلة – مقابلات
Facing, opposite to	مقابل
In exchange for	بالمقابل، مُقابِلَ
To accept, receive	تقبّل – يتقبّل – تقبّل
Please accept my ...	تقبّلوامني ...
Appetizers	مُقبّلات
To be able to	قدر – يقدِر – قُدرة
Ability-ies	قُدرة – قُدُرات
Able, capable, omnipotent, one of the 99 sacred names of God	قدير
Fate-s, destiny	قَدَر – أقدار
Night of Power, night when the Qur'an was revealed for the first time	ليلة القدر
Cooking pot-s	قدر – قُدور
A measure, quantity	قَدر
An amount of, some	قدر من الـ ...
As much as possible	قدرَ الإمكان، قدرَ المستطاع
Measurement-s, quantity-ies	مقدار – مقادير
To estimate, value, respect	قدّر – يقدّر – تقدير
Utmost respect, high esteem	فائق التقدير
Invaluable, priceless	لا يُقدّر بثمن
To come	قدِم – يقدِم – قدوم
Foot-feet	قدم – أقدام
To offer, present, put in the front	قدّم – يقدّم – تقديم
Introduction-s, premise-s	مقدّمة – مقدّمات
To advance, make progress	تقدّم – يتقدّم – تقدّم
Filthiness	قذارة
Dirty, filthy	قذِر

To draw near, be close, be imminent	قرُب – يقرُب – قُرب
Near, close to	قُربَ
About, approximately	قُرابةَ
Approximately	تقريباً
To approximate, to be near, be within the proximity of	قارب – يقارب – مقاربة
To be nearly equal, come close to one another, have a rapprochement	تقارب – يتقارب – تقارب
Nearly equal, close to one another	متقارب
To suggest	اقترح – يقترح – اقتراح
Suggestion-s	اقتراح – اقتراحات
Suggestion-s, proposition-s	مُقترَح – مُقترحات
I suggest that/to	أقترح أن
Very cold	قارس
Loan-s	قرض – قُروض
To borrow, take a loan	اقترض – يقترض – اقتراض
Squash	قرع
Cinnamon	قِرفة
To connect, join	قرن – يقرِن – قرن/قِران
Marriage contract, marriage	عقد القِران
Horn-s, century-ies	قرن – قُرون
Mate-s, partner-s, spouse-s	قرين – أقران
To compare	قارن – يقارن – مقارنة (بين)
In comparison with, compared to	بالمقارنة مع، مقارنةً بـ ...
To be connected to	اقترن – يقترن – اقتران بـ ...
Share-s, portion-s, installment-s	قِسط – أقساط
To intend, mean, aim at a destination	قصد – يقصِد – قصد
Aim, meaning, destination	قصد
With the aim of	قصدَ، بقصد
Destination-s, aim-s	مقصد – مقاصد
Poem-s	قصيد/قصيدة – قصائد
To be/become short/brief	قصُر – يقصُر – قِصر
Short, brief	قصير
To shorten, come short of, not to make enough effort	قصّر – يقصّر – تقصير
To tell a story, to cut	قصّ – يقصّ – قصّ/قصص
Story-ies	قصّة – قصص

To spend, to adjudicate	قضى – يقضي – قضاء
Fate	قضاء (و قدر)
Judiciary	القضاء
Judge-s	قاضٍ – قضاة
Your Honor	حضرة القاضي(ة)
To cut, cross	قطع – يقطَع – قطع
To shred, cut into small pieces	قطّع – يقطّع – تقطيع
Piece-s	قطعة – قطع
Sector-s	قِطاع – قِطاعات
Public sector	القِطاع العَام
Private sector	القِطاع الخاص
To be interrupted, to stop, to be cut off	انقطع – ينقطع – انقطاع
Equal-s, peer-s, counterpart-s	نظير – نظراء
Unparalleled, with no equal	منقطع النظير
To sit, to stop moving	قعد – يقعُد – قعود
To jump, leap	قفز – يقفِز – قفز
Heart-s, core-s	قلب – قلوب
Mould-s	قالب – قوالب
To abstain from, refrain	أقلع – يقلع – إقلاع عن
To diminish, dwindle	قلّ – يقِلّ – قِلّة
No less than	لا تَقِلّ عن
Minority-ies	أقلّيّة – أقلّيات
To become independent, to ride	استقلّ – يستقلّ – استقلال
To fry	قلى – يقلي – قلي
Fried	مقليّ
Frying pan	مقلاة
Frying oil	زِيت القلي
Wheat	قمح
Light brown	قمحي
Gambling	قمار
To be content with	قنع – يقنَع – قناعة بـ ...
To convince	أقنع – يقنع – إقناع
Convincing	مُقنع
To be convinced	اقتنع – يقتنع – اقتناع
Arch-es, bow-s	قوس – أقواس
Arched	مقوّس

To say, tell	قال – يقول – قول
Saying-s	قول/قولة – أقوال
Essay-s, article-s	مقال/مقالة – مقالات
To rise, be resurrected	قام – يقوم – قيام/قيامة
Day of Judgement	يوم القيامة
Easter, Resurrection of Christ	عيد القيامة
People-s	قوم – أقوام
Place-s, shrine-s, musical mode/scale-s	مقام – مقامات
A rhyming prose genre	مقامة – مقامات
To straighten, mend	قوّم – يقوّم – تقويم
To reside, to hold an event	أقام – يقيم – إقامة
To be straight, behave well	استقام – يستقيم – استقامة
Straight	مستقيم
Stature	قامة
Limb-s, leg-s	قائمة – قوائم
Strength, force-s	قُوّة – قُوى
Strong	قويّ
Tie-s, chain-s	قيد – قُيود
To tie, restrain, record, transcribe	قيّد – يقيّد – تقييد
To measure	قاس – يقيس – قيس
Criterion-criteria, measuring tool-s	مِقياس – مقاييس
To evaluate, appraise	قيّم – يقيّم – تقييم
Value-s	قيمة – قِيَم
Valuable	قيِّم

– ك –

Like, as	كـ...
Glass-es	كأس – كؤوس
To grow, grow up	كبُر – يكبُر – كِبر
Pride, arrogance	كبرياء
To be arrogant	تكبّر – يتكبّر – تكبّر
Arrogant	متكبّر
Letter-s, note-s	مكتوب – مكاتيب
Shoulder-s	كتف – أكتاف
Pile-s	كُدَس/كدسة – أكداس
To pile, accumulate	كدّس – يكدّس – تكديس

To pile up	تكدّس – يتكدّس – تكدّس
Packed	مكدوس
Ankle-s	كاحل – كواحل
Dark blue	كُحلي
Cherries	كرز
To be noble/generous	كرُم – يكرُم – كرم
To treat generously, dignify	أكرم – يكرم – إكرام
Noble, generous	كريم – كُرماء
Dignity	كرامة
To be unmarketable, to stagnate	كسد – يكسُد – كساد
Laziness	كسل
Lazy	كسول
Feeling (temporarily) lazy	كسلان
To dress, clothe, cover	كسا – يكسو – كسوة
Clothes, suit-s, cover-s	كسوة، كساء
To uncover, reveal, detect, diagnose	كشف – يكشِف – كشف
To discover	اكتشف – يكتشف – اكتشاف
To be revealed/uncovered	انكشف – ينكشف – انكشاف
To explore	استكشف – يستكشف – استكشاف
Heel-s	كعب – كعوب
Buttocks, bottom	كفل – أكفال
To suffice	كفى – يكفي – كفاية
To be satisfied with, be content with, settle for	اكتفى – يكتفي – اكتفاء بـ ...
Self-sufficiency	الإكتفاء الذاتي
To assign, delegate, cost	كلّف – يكلّف – تكليف
Cost-s	تكلفة – تكاليف
Like, as	كما
To be complete/whole/perfect	كمُل – يكمُل – كمال
To finish, complete	أكمل – يكمل – إكمال
Quantity-ies	كمّ/كمّية – كمّيات
To be inherent in	كمن – يكمن – كمون في
Cumin	كمّون
Adult-s	كهل – كُهول
Cup-s	كوب – أكواب
Zucchini	كوسة
Stuffed zucchini	كوسة محشي

To be, exist	كان – يكون – كينونة/كون
Status, position	مكانة
To form, create	كوّن – يكوّن – تكوين
Ingredients, elements	المكوّنات
To nearly/almost do or be	كاد – يكاد
In order to, so that	كي
Lest, in order not to	كيلا
To adjust to	تكيّف – يتكيّف – تكيُّف مع

– ل –

To suit	لاءم – يلائم – ملاءمة
Suitable	ملائم
Meanness, lowliness, baseness	لُؤم
Vile, mean, ignoble, lowly	لئيم
To remain	لبِث – يلبث – لبث/لباث
No sooner ... than ...	ما لبث أن/حتّى
To wear	لبِس – يلبَس – لبس
Clothes, garment-s	لباس/ملابس
To comply, abide by	لبّى – يلبّي – تلبية
To see, glance	لحظ – يلحظ – لحظ
Moment-s	لحظة – لحظات
To notice, remark	لاحظ – يلاحظ – ملاحظة
Note-s, remark-s	ملاحظة – ملاحظات
Flesh, meat	لحم – لُحوم
Epic-s	ملحمة – ملاحم
To summarize	لخّص – يلخّص – تلخيص
Summary	ملخّص
To enjoy, to be enjoyable/pleasurable	لذَّ – يلذَّ – لذّ/لذاذة
Pleasure-s	لذَّة – لذَّات
Tasty, delicious, pleasurable	لذيذ
To be necessary, stay in one place	لزم – يلزَم – لُزوم
It is necessary to	من اللازم أن
Necessities	لوازم
To sting	لسَع – يلسَع – لسع
Tongue-s, language-s	لِسان – ألسُن/ألسِنة

Kindness, amiability	لُطف
Amiable, kind	لطيف
To lick, lap	لعق – يلعق – لعق
Spoon-s	ملعقة – ملاعق
Turnips	لِفت
Beets	لفت سكّري
To wrap	لفّ – يلُفّ – لفّ
To wrap oneself with	التفّ – يلتفّ – التفاف بـ
Camera shot-s	لقطة – لقطات
To find, meet	لقي – يلقى – لُقي/لُقيان
Meeting-s	لقاء – لقاءات
To cast, throw, give a speech/talk/lecture, recite poetry	ألقى – يُلقي – إلقاء
To see, glance	لمح – يلمح – لمح
Quick look-s, glance-s	لمحة – لمحات
Facial traits	ملامح
To hint at	لمّح – يلمّح – تلميح إلى
To shine, flash, glitter, sparkle	لمع – يلمَع – لمعان
Shiny, sparkling	لامع
When	لمّا
To gather	لمّ – يلمّ – لمّ
To have a full grasp/command/knowledge of	ألمّ – يلمّ – إلمام بـ ...
To be entertained/amused	لها – يلهو – لهو
If	لو
Even though	و لو
Beans	لوبيا
To appear	لاح – يلوح – لوح/لوحان
List-s	لائحة – لوائح
Color-s, variety-ies	لون – ألوان
To color, vary	لوّن – يلوّن – تلوين
To be soft/flexible	لان – يلين – لين/ليونة
Softness, flexibility	لين
Soft, flexible	ليِّن

– م –

Durable	متين
Durability	متانة

مُتعة – مُتع	Pleasure-s
ممتع	Pleasurable, enjoyable
استمتع – يستمتع – استمتاع بـ ...	To enjoy, relish
متاع	Belongings, effects, luggage, furniture
مِثلَ	Like, as
مثلما	Like, as
مَثَل – أمثلة/مُثل	Value-s, proverb-s, saying-s
مثال – أمثلة	Example-s
لا مثيلَ له	Without equal, unparalleled
مثّل – يمثّل – تمثيل	To represent, act, exemplify
ماثل – يماثل – مماثلة	To be similar/comparable
مماثل	Alike, akin, similar
تمثّل – يتمثّل – تمثّل (في)	To be illustrated/exemplified by, embodied in, consist of
مجد – أمجاد	Glory-ies
مجيد	Glorious
مرَح	Joviality, merriment, playfulness, exultation
مرِح	Jovial, playful, cheerful
مرّ – يمُرّ – مرور	To pass
مرّة – مرّات	Once, instance-s, time-s
مِراراً (و تكراراً)	Over and over again
مُرّ، مرير	Bitter
مرارة	Bitterness
مَرِن	Flexible
مرونة	Flexibility
مرّن – يمرّن – تمرين	To train someone or something
تمرّن – يتمرّن – تمرُّن	To train, exercise, practice
تمرين – تمارين	Exercise-s, practice, training-s
مزَج – يمزُج – مزج	To mix
مزاج – أمزجة	Mood-s, humor-s, temperament-s
"مسج – مسجات"	Text messages
أمسى – يُمسي	To become
مضى – يمضي – مُضِيّ	To pass
ماضٍ	Past
أمضى – يمضى – إمضاء	To spend time, to sign
إمضاء – إمضاءات	Signature-s

Salt, mineral-s	ملح – أملاح
Salty	مالح
Funny, witty or rare anecdote-s	مُلحة – مُلح
Handsome, beautiful, witty	مليح
To own	ملك – يملك – ملك
King-s	ملك – ملوك
Your Majesty	جَلالة الملك(ة)
Angel-s	ملاك – ملائكة
To be bored	ملّ – يمَلّ – ملل
Boring	مُملّ
To give, donate	منح – يمنَح – منح
Scholarship-s, donation-s	مِنحة – مِنَح
To prohibit, to ban	منع – يمنَع – منع
Prohibited, illegal	ممنوع
Obstacle-s, reservation-s	مانع – موانع
To object, to refuse	مانع – يمانع – ممانعة
I have no reservations/objections, I am willing	لا مانعَ عندي
To give, donate	منّ – يمُنّ – منّ
To feel grateful	امتنّ – يمتنّ – امتنان
Expressions of thankfulness and gratitude	عبارات الشكر و الإمتنان
To hope, wish for	تمنّى – يتمنّى – تمنٍّ
I hope that	أتمنّى أن ...
Wish-es, hope-s	أمنية – أمانٍ/أمنيات
Best wishes	أحلى الأماني
To die, pass away	مات – يموت – موت
To fight till the end	استمات – يستميت – استماتة
Fearless, resolved, fighting till the end	مستميت
Bananas	مَوز
Dining table-s, table-s	مائدة – موائد
Field-s, area-s, arena-s	ميدان – ميادين
Quality-ies	ميزة – ميزات
To distinguish, discriminate	ميّز – يميّز – تمييز
Distinguished, unique	متميّز
To be outstanding, to be unique, to be distinguished	امتاز – يمتاز – امتياز
To lean towards, to prefer	مال – يميل – ميل إلى
Tendency-ies, likings, whims, preferences	مَيل – مُيول

- ن -

To become far/distant	نأى – ينأى – نأي
News	نبأ – أنباء
Prophet-s	نبيّ/نبيء – أنبياء
To inform, bring news to someone	نبّأ – ينبّئ – إنباء
To predict	تنبّأ – يتنبّأ – تنبّؤ
To take root, to grow (for plants)	نبت – ينبت – نبات
Plant-s, flora	نبات – نباتات
Vegetarian	نباتي
Timbre, tone	نبرة
To extract water, deduce, infer, invent	استنبط – يستنبط – استنباط
To be the product of, to result from	نتج – ينتُج – نِتاج
Result-s	نتيجة – نتائج
To produce	أنتج – ينتج – إنتاج
To succeed, pass an exam	نجح – ينجَح – نجاح
To pass with distinction	نجح بامتياز
To achieve, accomplish	أنجز – ينجز – إنجاز
Achievement-s, accomplishment-s	إنجاز – إنجازات
Sickle-s	مِنجل – مناجل
To become thin/weak	نحُل – ينحُل – نحول
Thin, weak	نحيل
Towards, approximately	نحوَ
To follow a direction	نحا – ينحو – نحو
Syntax, way, path, direction	النحو
Side-s, facet-s, direction-s	ناحية – نواحٍ
Pride, zeal	نخوة
Napkin-s, tissue-s, handkerchief, head scarf	منديل – مناديل
To regret	ندِم – يندَم – ندم
Workshop-s, seminar-s, conference-s	ندوة – ندوات
Workshop-s, training seminars	ندوات تدريبية
To attribute, to trace the lineage	نسب – ينسِب – نسب
Rate-s, percentage-s	نِسبة – نِسَب
To suit, be appropriate, to marry into a family	ناسب – يُناسب – مناسبة
Occasion-s	مناسبة – مناسبات
In-law-s	نسيب – أنساب
Suitable, appropriate	مناسب

To copy	نسخ – ينسَخ – نسخ
Copy-ies	نُسخة – نُسخ
Notarized/certified copy	نسخة مطابقة للأصل
To forget	نسِي – ينسي – نِسيان
To grow, grow up, arise	نشأ – ينشأ – نشوء
To establish, to raise, to found, to compose, write	أنشأ – ينشئ – إنشاء
Establishment-s, institution-s	منشأة – منشآت
Ecstasy, pleasure, intoxication	نشوة
To be ecstatic/intoxicated, to enjoy immensely	انتشى – ينتشي – انتشاء
Position-s, job title-s	منصب – مناصب
To advise	نصح – ينصح – نصح
I advise you to	أنصحك بـ + مصدر/أن + المضارع المنصوب
Advice	نصيحة – نصائح
Blade-s	نصل – نصول/أنصُل/نِصال
To look, view, examine	نظر – ينظُر – نظر
Look-s, view-s	نظرة – نظرات
In view of	نظراً لـ ...
Panorama-s, view-s	منظر – مناظر
Equal, on a par with, counterpart	نظير
Unparalleled, second to none, without an equal	لا نظير له، منقطع النظير
Cleanliness	نظافة
Clean	نظيف
To clean	نظّف – ينظّف – تنظيف
To be blessed with, enjoy	نعم – ينعَم – نِعمة بـ ...
Blessing-s, God's grace, financial comfort	نِعمة – نِعم
Smooth, fine	ناعم
To bring the news of someone's death, offer condolences	نعى – ينعى – نعي
To be repelled by, turn away from	نفر – ينفُر – نُفور
To repel one another	تنافر – يتنافر – تنافر
Dissonant, incompatible	متنافر
Expense-s, allowance-s, alimony	نفقة – نفقات
To spend	أنفق – ينفق – إنفاق
To peck, pluck a stringed instrument	نقر – ينقُر – نقر
Beak-s	مِنقار – مناقير

To decrease, diminish, dwindle	نقُص – ينقص – نقص/نُقصان
Lack-s, lacuna-e, shortcoming-s	نقيصة – نقائص
To break an agreement, truce, or promise	نقض – ينقُض – نقض
Opposite	نقيض
From one extreme to the other	من النقيض إلى النقيض
Contradiction-s	تناقُض – تناقُضات
To copy, to move someone or something, transmit	نقل – ينقُل – نقل
Joke-s	نكتة – نِكات/نُكت
To grow	نما – ينمو – نُموّ
To develop	نمّى – ينمّي – تنمِية
Developing countries	الدول النامية
To prohibit, to command someone not to do something	نهى – ينهى – نهي
To finish	أنهى – ينهي – إنهاء
To be finished, end	انتهى – ينتهي – إنتهاء
End	نهاية
In the end, finally	في النهاية
Not to mention, let alone, especially that	ناهيك أنّ
To get, receive	نال – ينال – نيل
To give, hand over	ناول – يناول – مناولة
To have a meal, tackle, deal with a topic or an issue	تناول – يتناول – تناول
Manner, take, vein	منوِال
In this manner/vein	على هذا المنوال
To intend	نوى – ينوي – نيّة
Intention-s, purpose-s, aim-s	نيّة – نوايا
With the aim/intent of	بِنيّة

– هـ –

To calm down, be quiet	هدأ – يهدَأ – هُدوء
Calm, quiet	هادئ
To aim at	هدف – يهدِف – هدف
Goal-s, aim-s	هدف – أهداف
With the aim/goal of	بهدف
To target	استهدف – يستهدف – استهداف
Fragile, brittle	هشّ
Fragility	هشاشة

To pour (rain)	هطل - يهطِل - هطول المطر
To neglect	أهمل - يهمل - إهمال
Happiness, bliss, contentment	هناء
To congratulate	هنَّأ - يهنّئ - تهنئة
Congratulation-s	تهنئة - تهانٍ
Please accept our sincerest congratulations	تقبلوا منا أصدق التهاني بـ ...
Congratulations and best wishes	أجمل التهاني و أطيب الأماني
To fear, respect, venerate	هاب - يهاب - هيبة
Posture, look, appearance, institution	هيئة

- و -

To be a must/an obligation	وجب - يجِب - وُجوب
Duty-ies, obligation-s, homework assignment-s	واجب - واجبات
It is a must to	يجب أن
Positively	إيجاباً
Positive	إيجابيّ
Advantages, upside, positive aspects	إيجابيّات
To find	وجد - يجد - وجود
Affect, innermost, conscience, heart	وِجدان
Brief	وجيز
To be brief, cut short, be to the point	أوجز - يوجز - إيجاز
Cheek-s	وجنة - وجنات
Faces-s	وجه - وُجوه
Perspective, point of view, outlook	وجهة نظر
Side-s, region-s	جِهة - جِهات
To face, confront	واجه - يواجه - مواجهة
Façade-s, front-s, storefront-s	واجِهة - واجهات
To head towards	اتّجه - يتّجه - اتّجاه
Towards	تُجاهَ
Wild animal-s, monster-s	وحش - وُحوش
Savage, wild	وحشيّ
To jump, leap, pounce	وثب - يثِب - وثب/وثُوب
To trust, have confidence in	وثق - يثِق - ثقة
Self-confidence	ثقة بالذات
Document-s	وثيقة - وثائق

To let be, to be peaceful/docile, mellow	ودَع – يدَع – دَعَة
Peacefulness, well-being	دعة
Peacefulness, mellowness	وداعة
Peaceful, pacifist	وديع
To inherit	ورث – يرِث – وراثة
Inheritance	إرث، ميراث
Heritage, patrimony	تُراث
Heir-s	وريث – ورثاء
Minister-s, US Secretary-ies	وزير – وزراء
Mr./Madam Secretary/Minister	معالي الوزير(ة)
Ministry-ies	وزارة – وزارات
Ministry of Finances	وزارة المالية
To parallel, match, be equivalent/analogous/simultaneous	وازى – يوازي – موازاة
Dirt, grime, filth	وسَخ – أوساخ
Dirty, soiled, filthy	وسِخ
To be spacious/broad	وسُع – يسَع – سِعة
Financial ease or well-being	سعة
Spacious	واسع
Means, medium-media	وسيلة – وسائل
To mark	وسم – يسم – وسم
Trait-s, feature-s, characteristic-s	سِمة – سِمات
Handsome	وسيم
Season-s	موسم – مواسم
Religious holidays	مواسم دينية
To comfort, offer solace, appease	واسى – يواسي – مواساة
To describe, prescribe	وصف – يصِف – وصف
Description-s	وصف – أوصاف
Features, trait-s	صفة – صفات
Recipe-s	وصفة – وصفات
To contact	اتّصل – يتّصل – اتّصال بـ
Communication-s	اتّصال – اتّصالات
Means of communication	وسائل الإتصال
To command, to recommend, to advise	أوصى – يوصي – وصية
Commandment-s, recommendation-s, advice, will-s	وصية – وصايا
Referee-s, trustee-s, legal guardian-s	وصيّ
Recommendation-s	توصية – توصيات

To be clear	وضُح – يضَح – وضوح
Clear	واضح
To clarify	أوضح – يوضح – إيضاح
To become clear	اتّضح – يتّضح – اتّضاح
To seek clarification	استوضح – يستوضح – استيضاح
To put, give birth, lay down, enact laws	وضع – يضَع – وضع
Situation-s, position-s	وضع – أوضاع
To be humble	تواضع – يتواضع – تواضع
Humble	متواضع
Low	واطئ
To promise	وعد – يعِد – وعد
To give advice, preach, admonish	وعظ – يعِظ – وعظ
Advice, sermon, moral	عظة
Moral-s, example-s, moral lesson-s	موعظة – مواعظ
To be aware/conscious	وعى – يعي – وعي
Unconsciously	باللاوعي
Abundance	وَفرة
Abundant	وفير
To provide, make available	وفّر – يوفّر – توفير
To be available	توفّر – يتوفّر – توفّر
To be abundant	توافر – يتوافر – توافر
To reconcile, harmonize, grant success	وفّق – يوفّق – توفيق
With wishes for success!	بالتوفيق!
To agree	وافق – يوافق – موافقة
To be successful	توفّق – يتوفّق – توفّق
Successful	مُوفَّق
To be loyal, faithful	وفى – يفي – وفاء
To pass away	توفّى/تُوفِّي – يتوفّى – وفاة
To respect, esteem, venerate	وقّر – يوقّر – توقير
Solemnity, venerability	وقار
Solemn, dignified, venerable	وقور
Respected, venerable, esteemed	مُوقَّر
To occur, to be located, to fall	وقع – يقَع – وقوع
Reality	واقع
Realistic, real	واقعي
Rhythms-s	إيقاع – إيقاعات

To stand, stop	وقف – يقِف – وُقوف
To protect, prevent	وقى – يقي – وِقاية
To give birth	ولد – يلِد – وِلادة
Newborn-s	مولود – مواليد
Birth	مولد
Birth of the Prophet Muhammad	المولد النبوي
Birth	ميلاد
Birthday	عيد ميلاد
Birth of the Christ, Christmas	عيد الميلاد، عيد ميلاد المسيح
God, the Lord	المولى
To shine, flash	ومض – يمِض – ومض/وميض
To flash, flicker, sparkle, glance furtively	أومض – يومِض – إيماض
Flash of light	إيماضة

– ي –

To despair	يئس – ييأس – يأس
Hand-s	يد – أيدٍ/أيادٍ
To become easy, to be well to do	يسر – ييسر – يُسر
Easy, small quantity	يسير
Left	يسار/يُسرى
Well to do, well off	ميسور/ميسور الحال
To be sure/certain	يقِن – ييقَن – يقين
Certain, sure	على يقين
To realize, become certain	أيقن – ييقن – إيقان
Right	يمين/يُمنى
Day-s	يوم – أيّام
Journals, diaries	يوميّات